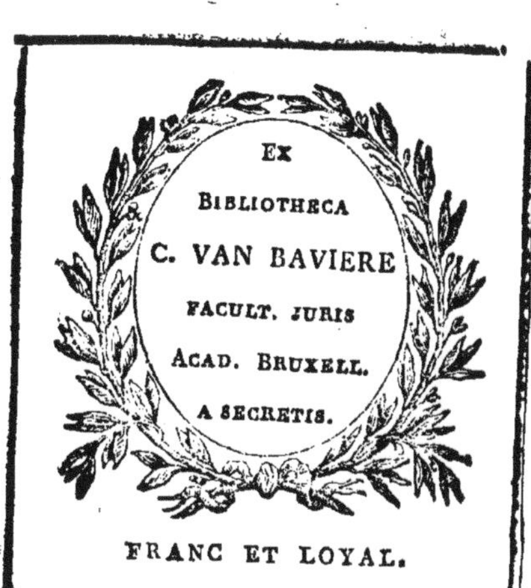
EX
BIBLIOTHECA
C. VAN BAVIERE
FACULT. JURIS
ACAD. BRUXELL.
A SECRETIS.
FRANC ET LOYAL.

DISSERTATION

SUR LA

PUISSANCE PATERNELLE,

D'APRÈS LES PRINCIPES

DU DROIT NATUREL, DU DROIT ROMAIN,
ET DE L'ANCIEN DROIT FRANÇAIS,

COMPARÉS

A CEUX DU CODE CIVIL:

Soumise à l'examen de l'École spéciale de Droit de Strasbourg, le 22 Septembre 1806,

POUR OBTENIR LE GRADE DE LICENCIÉ;

PAR PHILIPPE JACQUES BLOECHEL,

AVOUÉ PRÈS LE TRIBUNAL DE PR. INST. A STRASBOURG,
ET MEMBRE DU CONSEIL DE DISCIPLINE ET D'ENSEIGNEMENT
DE LADITE ÉCOLE.

STRASBOURG,

De l'imprimerie de LEVRAULT, imprimeur de l'École de Droit.
1806.

A

MONSIEUR KOCH,

MEMBRE DU TRIBUNAT

ET DE LA LÉGION D'HONNEUR,

ASSOCIÉ CORRESPONDANT

DE L'INSTITUT IMPÉRIAL DE FRANCE,

PROFESSEUR

A L'ACADÉMIE PROTESTANTE DE STRASBOURG:

COMME HOMMAGE

DE RECONNOISSANCE ET DE DÉVOUEMENT

RESPECTUEUX.

DE LA

PUISSANCE PATERNELLE.

La prospérité d'un État dépend du degré de civilisation des membres qui le composent. Cette *civilisation* consiste dans le développement et l'emploi utile de toutes les facultés physiques et intellectuelles qui constituent la nature de l'homme. La masse des forces humaines utilisées dans l'état, se compose de ce que chacun y contribue en raison du nombre et du perfectionnement des facultés dont il a appris à faire usage. Comme il est prouvé par l'expérience que l'homme abandonné dans ses premières années à lui-même, est réduit à l'impossibilité de perfectionner ses forces, et que c'est l'*éducation* seule qui, en développant les germes de ses facultés, le met en état de s'en servir utilement, les législateurs ont de tout temps porté leur attention sur un objet aussi important et aussi intimement lié au but qu'ils avoient en vue. En effet, l'État étant intéressé à ce que la génération future égale et surpasse même en civilisation la génération précédente, les gouvernans ont dû faire de l'éducation des enfans l'objet de leurs premières sollicitudes, et accorder à ceux qui en sont chargés le pouvoir nécessaire pour assurer à la société les résultats qu'elle est en droit d'en attendre.

Tels sont les motifs qui ont donné lieu aux lois sur la *Puissance paternelle*. Cette partie de la législation étant trop importante pour ne pas mériter un examen particulier des principes sur lesquels elle repose, des variations qu'elle a éprouvées, et de l'influence qu'elle exerce sur le bonheur des nations ; je me propose de présenter dans cet écrit l'analyse générale du pouvoir attribué aux parens sur leurs enfans, de déterminer quelles en sont les bornes et l'époque à laquelle il doit cesser, et d'en comparer les principes avec les moyens employés par les anciens peuples , et surtout par le plus distingué d'entre eux, les Romains, pour assurer ce pouvoir et le rendre assez énergique ; d'examiner ensuite comment ces lois ont agi sur le caractère et l'esprit de ce peuple, et jusqu'à quel point ses mœurs ont été adoptées et suivies par nos ancêtres. Je terminerai enfin ma Dissertation par un tableau précis et succinct des dispositions que notre Législation actuelle renferme sur cet objet.

PREMIÈRE SECTION.

Analyse des principes du droit naturel sur les rapports qui existent entre les parens et leurs enfans.

§. 1. La différence des idées que les philosophes et les jurisconsultes attachent aux mots *Droit naturel*, ne permet plus de se servir de cette expression comme d'un terme sur le sens duquel on soit généralement d'accord, et qui par conséquent n'exige pas d'autre définition. On a même contesté, dans les derniers temps, l'existence d'un droit qui établisse des lois et impose des obligations indépendamment de toute législation positive. Pour considérer la puissance paternelle selon les principes du droit naturel, il faudra donc remonter à la source de ces principes mêmes, les définir et les prouver.

Principes généraux.

§. 2. L'homme est un être doué de *raison ;* il a par conséquent la faculté d'avoir une idée de la nécessité absolue d'une règle générale pour ses actions.

§. 3. Il a une *volonté* qui peut se décider uniquement par la raison, et indépendamment de tout *instinct* ou impulsion physique (*stimulus sensualis, animalis*). Cette volonté n'est proprement que la raison elle-même *en pratique* (c'est-à-dire, s'appliquant aux actions). La raison, étant dans son exercice indépendante de toute influence, n'envisage pas l'action qui fait l'objet de la volonté, *in concreto*, mais dans sa plus haute abstraction, et elle ne peut par conséquent admettre d'autre *maxime* (c'est-à-dire, la règle d'après laquelle on agit) que celle qui est propre à devenir *loi générale*.

§. 4. On appelle la volonté qui se décide uniquement par la

4

raison, *volonté libre*, *libre arbitre*, parce qu'elle est indépendante de toute affection ou impulsion physique.

§. 5. La *liberté* de la volonté ne sauroit être démontrée ; elle doit être adoptée comme *axiome apodictique*, parce que cette liberté est une idée *transcendante*, c'est-à-dire une idée qu'on ne peut pas déduire d'un simple exemple pris dans l'expérience, mais qui résulte d'une abstraction générale et dont la réalité se démontre par les principes qui en découlent.

§. 6. Lorsque la raison et la volonté de l'homme sont d'accord, celle-ci ne suit que des maximes qui peuvent prendre le caractère d'une loi générale, et ne se détermine que pour des actions conformes à ces maximes-là.

Sur cette conséquence se fonde la loi suprême de la raison, qui s'exprime ainsi : *L'homme doit agir d'après des maximes qui puissent être converties en lois générales pour tous les êtres raisonnables.*

§. 7. De cette loi suprême de la raison dérivent toutes les lois particulières qui doivent servir de règles aux diverses espèces des actions humaines. Lorsque l'obligation que ces lois nous imposent est telle que *l'intention* même qui motive l'action doit être conforme aux préceptes de la loi, on les appelle *lois éthiques ;* lorsqu'au contraire ces lois n'exigent que la conformité *externe* de nos actions avec les règles qu'elles prescrivent, en admettant d'ailleurs des motifs qui leur sont étrangers, elles sont appelées *lois juridiques.* On désigne les unes et les autres par le nom commun de *lois morales* (en opposition des lois physiques). Mais, quant aux actions, on n'appelle *actions morales* que celles qui correspondent aux lois éthiques, et *actions légales,* celles qui correspondent aux lois juridiques (*a*).

(*a*) Toutes les obligations juridiques sont aussi des obligations éthiques (mais non pas réciproquement), car les lois éthiques adoptent parmi les obligations qu'elles imposent l'observation des lois juridiques. Un exemple rendra cela plus clair. Les lois ju-

§. 8. Les lois morales n'ont d'autorité qu'autant qu'elles peuvent être reconnues comme fondées et nécessaires *à priori*, c'est-à-dire sans le secours de l'expérience : car celle-ci ne conduira jamais à des principes généraux, tandis que les préceptes des lois morales sont universels, et ne s'occupent point des penchans individuels des hommes ; ils commandent à chacun indistinctement, parce qu'il a une volonté libre, et qu'il est doué de raison.

C'est cette dernière elle-même qui enseigne à l'homme comment il doit agir, sans considérer dans ses commandemens souverains l'avantage qui peut lui en résulter, et sans qu'elle ait besoin de trouver dans l'expérience un exemple à l'appui de ses préceptes.

Les lois morales ne constituent pas la *théorie du bonheur* ; car celle-ci repose uniquement sur l'expérience, et ne peut jamais être universelle. En vain réduira-t-on en systèmes des expériences généralisées ; elles ne donneront point de règles sûres qui conduisent au bonheur, car ce n'est que l'expérience individuelle de chacun qui lui apprend ce qui peut lui procurer du plaisir et le rendre heureux. Le degré de force des instincts qui portent l'homme à se conserver, à se propager, à exercer son activité, à satisfaire son ambition, à étendre ses connoissances, etc., ne

---

ridiques commandent l'accomplissement d'une promesse, et elles donnent à celui à qui elle a été faite, le droit d'y contraindre l'autre ; peu importe quel que soit le motif de celui qui l'accomplit ; son action sera *légale*, pourvu qu'il ait rempli sa promesse. Les lois éthiques imposent la même obligation, parce qu'elles commandent l'observation des lois juridiques par la seule raison qu'elles existent ; mais elles y ajoutent encore l'obligation de puiser le motif de l'action dans le précepte de la loi, c'est-à-dire de remplir la promesse uniquement parce que la loi l'ordonne, et quand même on ne pourroit pas y être contraint : c'est sous ce rapport que l'accomplissement d'une promesse sera une action *morale*. Les lois juridiques (le droit) et les lois éthiques (la morale, c'est l'expression qu'on substitue communément au mot éthique) ne diffèrent par conséquent pas, quant aux obligations qu'elles imposent, mais seulement quant aux motifs qu'elles exigent ou admettent dans les actions. Il est vrai que la morale impose encore des obligations qui lui sont propres (comme, par exemple, celles envers soi-même), mais elle comprend en même temps toutes celles du droit.

peut être connu que de l'individu qui en est agité, et il est impossible de tirer du rapprochement de ces instincts, dans différens individus, des conséquences générales. On ne pourra donc non plus établir le principe des lois morales sur la théorie du bonheur (*a*).

Déduction et développement des principes des lois juridiques ou du droit.

§. 9. L'idée du droit renferme trois conditions. Elle suppose,

1.° L'homme en relation avec ses semblables, de manière que ses actions puissent exercer une influence sur eux, et réciproquement.

2.° Elle suppose que les actions de chacun résultent uniquement de son libre arbitre.

3.° Elle exige que l'action puisse se concilier avec la libre volonté de l'autre d'après une loi générale.

§. 10. Il a été établi plus haut (§. 3 et suivans), que l'homme est un être doué de raison, ayant une libre volonté, et soumis par conséquent à des lois morales. — S'il est intérieurement libre, il doit aussi être indépendant extérieurement, parce que sans cela son existence dans ce monde n'auroit aucun but. — Il vit en société avec des êtres semblables, qui, comme tels, sont également libres. — Un être libre ne peut exister dans ce monde sans que sa libre volonté le porte à de certaines actions. — Si plusieurs êtres raisonnables se trouvent ensemble, les effets de leurs actions se rencontreront, l'un se trouvera en opposition avec l'autre. — Si donc par cette influence réciproque la liberté de tous ne doit pas être anéantie, chacun doit agir de façon que la liberté de

____

(*a*) C'est en quoi le système de KANT, dont j'ai suivi les principes, se distingue de tous les autres systèmes de droit naturel. La plupart des philosophes ont établi en principe que *le bonheur* étoit le fondement et le but des lois morales ; il est évident que le bonheur étant un sentiment qui peut être produit dans chaque individu par d'autres causes, on n'a jamais pû se réunir sur les conditions nécessaires pour y parvenir, et par conséquent il devoit y avoir autant de systèmes que d'auteurs.

l'autre n'en soit pas lésée : telle est la condition de la coexistence d'êtres raisonnables réunis en société.

§. 11. De ces raisonnemens découle le principe général du droit : UNE ACTION N'EST JUSTE QU'AUTANT QUE LA MAXIME SUR LAQUELLE ELLE SE FONDE PEUT SE CONCILIER AVEC LA LIBERTÉ LÉGALE DE TOUS.

Si donc votre action ou l'état dans lequel vous vous trouvez peut se concilier avec la liberté de chacun, suivant une loi générale, celui qui vous en empêche vous fait *tort*.

§. 12. La résistance qu'on oppose à celui qui empêche l'exercice de la liberté légale, est elle-même un moyen de favoriser l'usage de cette liberté, et par conséquent légitime. Le droit renferme donc la faculté de *contraindre* celui qui s'oppose à son exercice.

Conclusion.

§. 13. Les définitions avancées jusqu'ici nous conduisent à celle du droit naturel : C'EST LA SCIENCE DE LA LÉGISLATION ÉTABLIE PAR LA RAISON POUR L'EXERCICE DE LA LIBERTÉ EXTERNE DE L'HOMME.

On l'appelleroit avec plus de raison le *droit philosophique* ou la *philosophie du droit*, parce que l'expression usitée est trop vague, et n'emporte pas nécessairement l'idée qu'on doit y attacher.

§. 14. Le droit naturel considère toujours l'homme en *société avec ses semblables*. Cette réunion peut être, ou *accidentelle*, ou *formée par un pacte social :* de là la division du droit naturel en *droit naturel privé et public*. Le premier règle les intérêts particuliers de l'homme dans ses rapports avec les membres de la société indépendamment de l'État ; le second indique ses rapports avec la société civile formant un corps politique. C'est dans le droit naturel privé que nous chercherons les principes applicables à notre sujet.

Application des principes généraux du droit naturel privé aux rapports entre les parens et leurs enfans.

§. 15. La *génération* est un acte par lequel deux personnes donnent l'existence à un être raisonnable, et le placent dans ce monde *sans son consentement.*

§. 16. Cet être est libre (§§. 3 et 4), et ses droits commencent au premier moment de son existence. Ceux qui empêchent le développement de ses facultés, lèsent sa liberté, et par conséquent commettent une action injuste. Or être la cause de l'existence d'un homme sans vouloir le mettre à même d'user de ses facultés, c'est opposer d'avance des obstacles à l'usage de sa liberté. Le tort en doit être imputé à celui qui, par son fait, a rendu possible cette atteinte à la liberté d'un individu, et il s'ensuit que la partie lésée aura le droit de contraindre l'autre à lever cet obstacle (*a*).

On objecte que les devoirs du droit ne sont que des devoirs *négatifs*, c'est-à-dire qui commandent de ne pas léser la liberté d'autrui, mais qui n'exigent aucun acte *positif* pour la favoriser; que l'enfant ne peut donc avoir aucun droit de forcer ses parens à le secourir (*b*) : mais on verra par le raisonnement ci-dessus,

---

(*a*) Kant établit en principe que l'acte de la génération impose aux parens l'obligation de contribuer, autant qu'ils peuvent, à *rendre le nouvel être content* de l'état qu'ils lui ont donné. Mais le droit ne s'occupe point du *contentement* (qui est le résultat du bonheur); ce n'est que l'exercice de la liberté qui en fait l'objet, et c'est donc de ce principe qu'il faut déduire les droits d'un enfant envers ses parens. Voy. *Metaphysische Anfangsgründe der Rechtslehre* (Élémens métaphysiques du droit), paragr. 28.

(*b*) Telle est l'opinion de M. Hugo, *Naturrecht* (Droit naturel), Berlin, 1799, pag. 213 ; et de M. Gross (*Naturrecht; Tübingen,* 1802, §. 122), qui ne regarde les obligations des parens envers leurs enfans que comme des obligations morales.

Fichte, dans son Droit naturel appliqué (*Angewandtes Naturrecht*), Leipzig, 1797.

que ce seroit une véritable atteinte à la liberté de l'enfant, si les parens le laissoient dans le dénûment absolu dans lequel il se trouve en entrant dans ce monde. Les parens ne peuvent pas regarder leur enfant comme un être avec lequel ils n'ont rien de commun ; car la génération est un fait qui renferme celui d'avoir mis un être libre dans l'impuissance de se secourir lui-même. Une action rend toujours celui qui la commet responsable de ses suites, et les parens ne pourront donc pas dire à leur enfant : *nous t'avons donné l'existence ; dès ce moment tu t'appartiens à toi-même, et nous n'avons plus rien de commun avec toi.* Cette obligation de secourir l'enfant est démontrée avec plus d'évidence encore à l'égard de la mère, par les rapports intimes que la nature a établis entre elle et son enfant pendant les premiers temps de l'existence de ce dernier.

§. 17. En démontrant que l'enfant, comme être raisonnable qui doit son existence à ses parens, est en droit d'exiger d'eux des soins pour parvenir à l'usage de ses facultés, il est prouvé en même temps que les parens devront aussi le *nourrir* pour conserver son existence, et qu'ils ne pourront pas l'*abandonner* ou l'*exposer*, quand même ce ne seroit pas dans l'intention d'attenter à sa vie.

§. 18. Ils pourront encore bien moins le mettre à mort, parce qu'alors ils léseroient, non-seulement les droits qu'il a comme étant leur enfant, mais encore les droits de l'humanité inséparables de sa personne.

§. 19. Ils auront tout aussi peu la faculté de le *vendre*, parce qu'ils n'ont sur lui aucun droit de propriété. Quoiqu'ils soient la cause médiate de son existence, ils ne pourront néanmoins pas le regarder comme leur ouvrage, comme une chose dont on peut

---

p. 234 et 236, soutient que les obligations des parens envers leurs enfans, ne peuvent être que le résultat des obligations que les citoyens contractent avec l'État.

disposer à son gré ; ils ne doivent voir en lui qu'une personne envers laquelle, par leur fait, ils ont des obligations particulières à remplir, et qui d'ailleurs occupe son rang dans la société, comme tout autre homme (*a*).

(*a*) Je crois que la question suivante est une des plus embarrassantes du Droit naturel : *Des parens, absolument hors d'état de nourrir leur enfant, peuvent-ils le vendre ?*

Grotius et Pufendorf (Droit de la guerre et de la paix, traduit par Barbeyrac ; Amst. 1724, in-4.°, liv. II , ch. 5, §. 5. Droit de la nature et des gens, traduit par le même ; Bâle, 1732, liv. VI , ch. 2, §. 9.) n'hésitent point à se décider pour l'affirmative : d'abord l'exemple des anciens peuples , des Thébains, des Phéniciens , des Hébreux, chez lesquels cela étoit en usage, est d'une grande autorité pour eux, et en second lieu, ils ont un argument tout prêt pour justifier leur principe ; « car, dit « Grotius, la nature est censée donner droit de faire tout ce sans quoi on ne peut « atteindre une fin qu'elle prescrit. »

Mais je demanderai si la fin que s'est prescrite la nature , en donnant l'existence à un être raisonnable, a pu être celle qu'il soit condamné à suivre aveuglément, pendant toute sa vie, les ordres d'un maître qui ne l'emploiera que comme une machine ? car c'est apparemment l'intention de celui qui l'achète.

On conviendra facilement avec moi que la vie seule, privée de tout ce qui la rend communément désirable aux hommes, ne peut point être regardée comme la fin que se propose la nature ; et un esclave qui ne connoît d'autre sensation que la douleur qu'il éprouve sous le poids du travail et des mauvais traitemens, ne fournira pas un argument pour soutenir le contraire. — « Mais la vie pénible qu'on assure par ce moyen à l'en- « fant, est pourtant préférable à une mort certaine. » — Peut-être l'enfant ne raison- neroit-il pas de la sorte, s'il prévoyoit sa destinée. Doit-il être la victime de la faute de ses parens, qui lui ont donné le jour sans songer aux conséquences qu'entraînoit leur action, ou du hasard qui les a mis depuis dans l'impossibilité de lui fournir des ali- mens ? — « Ils feront des conditions qui lui rendront la vie supportable et lui procu- « reront la liberté à une certaine époque. » — Ce n'est plus le cas que je suppose ; car, dès qu'il existe des conditions, la vente peut être assimilée à une convention d'abandonner l'éducation de l'enfant à celui qui l'achète, et une telle convention ne se juge que d'après l'effet qu'elle pourra produire. — « Mais, enfin, les parens n'ayant « pas le droit d'exposer, d'abandonner leurs enfans, qu'en feront-ils ? » — J'avoue que je ne trouve d'autre solution à la question que celle qui se puise dans l'obligation que le droit naturel impose à quiconque en a le moyen de donner des soins à un être de son espèce , qui sans cela périroit. Les parens hors d'état d'élever leur enfant auroient

§. 20. Après avoir établi les droits des enfans, examinons aussi quels sont ceux qui compètent aux parens. Celui qui a un devoir à remplir a aussi tous les droits sans lesquels il ne pourroit pas satisfaire à son obligation. Les parens ne doivent pas seulement nourrir leur enfant et conserver ainsi provisoirement son existence, ils doivent encore développer en lui successivement toutes les facultés qu'il possède, c'est-à-dire ils sont obligés de lui donner une *éducation*. Il en résulte pour eux le droit d'employer tous les moyens nécessaires pour atteindre ce but. Tel est le fondement du pouvoir qu'ils exercent sur leurs enfans, et qui, étant attribué par la plupart des législations positives exclusivement au père, a reçu le nom de *puissance paternelle*. C'est donc *l'assemblage des droits que les parens exercent sur un enfant, en vertu de leur obligation de lui donner une éducation* (a).

---

donc le droit de demander le secours d'autrui. Il est vrai qu'il ne se trouve pas toujours des hommes qui observent si scrupuleusement les devoirs du droit naturel, jusqu'à se charger en tout ou en partie du soin d'élever un enfant étranger qui a absolument besoin de leur secours. Mais les principes du droit naturel ne s'occupent pas de la façon d'agir ordinaire des hommes, ils ne règlent que ce que les hommes devroient faire. Aussi, dans tous les états bien policés, y a-t-il des hospices pour les enfans trouvés.

(a) On a beaucoup disputé sur le fondement de la puissance paternelle. Les uns l'ont trouvé dans la *génération*, les autres dans l'*éducation*, et d'autres encore dans le *consentement* présumé de l'enfant, parce que la puissance paternelle tendoit à son avantage. Il y en a même qui l'ont placé dans une *convention* entre les *père* et *mère*. Il est évident qu'une telle convention ne peut jamais produire que le droit de chacun des parens de forcer l'autre à partager avec lui les charges de l'éducation, mais qu'elle n'établit pas un droit contre l'enfant.

On se convaincra tout aussi facilement, que ni la génération ni l'éducation ne pourront être le fondement exclusif de la puissance paternelle. Ces deux raisons ne sont pas de nature à être séparées, parce qu'elles ne constituent ce pouvoir que prises *ensemble*. La première impose l'obligation d'élever les enfans, l'autre donne le droit de se servir des moyens propres pour le faire avec succès. *Droit* et *Obligation* sont des idées corrélatives, dont l'une ne peut subsister sans l'autre.

Pufendorf ne s'est pas contenté de la trouver fondée dans la loi naturelle, qui com-

§. 21. **Les droits que donne l'éducation, aussi bien que les devoirs qu'elle impose, sont communs aux deux personnes qui ont donné l'existence à l'enfant. Mais en cas de partage d'opinions**

---

mande la sociabilité ; il a cru faire mieux en alléguant encore le consentement présumé; l. c. L. VI, ch. 2, §. 4.

Cette erreur a été relevée déjà par Jacques Thomasius dans sa Dissertation *de Patria potestate*, §. 49, où il observe avec beaucoup de raison que le consentement exprès ou tacite ne peut avoir lieu que pour des actions qui étoient auparavant libres et entièrement indifférentes : or, ni les père et mère, ni l'enfant, n'avoient la liberté de se dispenser de leurs obligations mutuelles.

Cela n'empêche pas que des philosophes recourent encore aujourd'hui à cet expédient pour prouver le droit des parens d'employer les moyens propres à l'éducation.

La dispute entre les jurisconsultes sur l'espèce de ce consentement, et si on devoit l'appeler *consensus præsumtus* ou *tacitus*, a fourni à Linguet l'occasion de lancer un trait mordant contre eux : « Ces terribles docteurs, dit-il, se disputent bien plus souvent sur les mots que sur les choses. »

Burlamaqui, dans son Droit naturel, part. I, ch. IV, §. 7, attribue le fondement du pouvoir des parens à la *foiblesse* et à l'*ignorance* des enfans, et il dit qu'ils sont naturellement *assujettis* à leurs père et mère. Cette expression admet plusieurs interprétations ; elle pourroit très-bien indiquer un droit du plus fort.

La plupart des auteurs s'en tiennent à la nature physique de l'homme, et déduisent des affections et inclinations réciproques des parens et des enfans le principe de la puissance paternelle, qui cependant peut être beaucoup plus strictement démontré. *La puissance paternelle est fondée dans la nature :* tel est le lieu commun par lequel on croit réfuter une foule d'objections, mais au moyen duquel on n'est pas plus avancé lorsqu'il s'agit de la prouver. La puissance paternelle est certainement fondée dans la nature, parce que nous voyons journellement des parens prodiguer les soins les plus tendres aux fruits de leur union, et les enfans répondre à leurs bienfaits par la soumission la plus parfaite. Mais nous voyons aussi des parens dépravés, qui, reniant les sentimens de la nature, n'hésitent point à se défaire de leurs enfans : nous voyons également des enfans pervers braver leurs père et mère, et se soustraire à leur autorité. Si la législation positive ne doit pas seule nous fournir des argumens pour blâmer la conduite des uns et des autres, il ne faut pas s'arrêter à des déclamations puisées dans la sensibilité et les affections des hommes ; ce ne sont pas là des règles générales : ma sensibilité n'est pas celle d'un autre, et je ne dois pas lui en faire un reproche ; ce n'est que dans le *Droit* qu'on peut trouver les règles pour juger la conduite des hommes. Ces lois sont immuables et indépendantes de tout intérêt particulier.

la préférence semble appartenir au père, soit parce que la nature, en le destinant par les forces qu'elle lui a données à être le protecteur de la foiblesse de l'autre sexe, lui a accordé aussi une certaine prépondérance, soit parce que les charges de la société conjugale et de l'éducation des enfans pèsent principalement sur lui.

§. 22. L'éducation d'un enfant exige un plan suivi et des maximes uniformes et conséquentes. Les parens sont seuls juges des principes qu'ils veulent suivre à cet égard, et personne n'a le droit de s'en mêler. Ils pourront donc réclamer l'enfant, de chacun qui l'auroit reçu chez lui contre leur gré ; mais ils ne sont pas tellement astreints à l'observation du devoir de donner à l'enfant une éducation, qu'ils ne puissent le confier aux soins d'une personne qu'ils jugent capable de remplir leurs vues.

§. 23. Les parens doivent développer les facultés de leurs enfans, et ils ne seront donc les maîtres de borner l'usage que celui-ci fera de sa liberté qu'autant qu'il se nuiroit à lui-même ; ils peuvent le diriger dans tout ce qu'il entreprend ; ils peuvent le forcer même à toutes les actions qu'ils jugeront nécessaires pour le développement de ses facultés physiques et intellectuelles, et surtout à celles qui contribueront à former son caractère à la moralité. Mais ils doivent suivre ses progrès, et lui accorder l'exercice de sa liberté à mesure que l'usage de sa raison l'en rendra capable. Quoique les parens soient les maîtres de diriger les actions de leurs enfans, ils ne pourront néanmoins être responsables du tort causé par ceux-ci à d'autres personnes, qu'autant qu'ils en seroient les auteurs, par les ordres, le conseil, ou l'instruction qu'ils auroient donnés à leurs enfans (a).

§. 24. L'instinct étant souvent plus fort que la raison dans un enfant, on ne pourra agir dans ces cas sur sa volonté qu'en pro-

---

(a) Voyez aussi à ce sujet MONTESQUIEU, Esprit des lois, liv. VI, ch. 20.

duisant par des châtimens dans sa nature physique des sensations de douleur qui contrarient ses mauvais penchans et le portent par intérêt à l'habitude de faire le bien. Il est évident que ces châtimens ne peuvent être de nature à nuire aux facultés mêmes des enfans, et qu'ils dépassent les justes bornes, aussitôt qu'ils ne peuvent plus être envisagés comme nécessaires à l'éducation.

§. 25. Les parens peuvent tirer parti du travail de leur enfant, parce qu'ils ne sont obligés de l'entretenir qu'aussi long-temps qu'il est lui-même dans l'impuissance de le faire. Il doit donc contribuer, autant qu'il peut, aux frais de son éducation, et le plus souvent le fruit de son propre travail ne sera même qu'une foible compensation des dépenses qu'il a occasionées à ses parens. Néanmoins ceux-ci ne pourront s'en servir comme d'un instrument, en ne l'employant que pour leur avantage ; car l'éducation étant le seul but de leur pouvoir sur l'enfant, et celui-ci n'étant point leur propriété, ils ne doivent avoir en vue que son propre perfectionnement et n'en retirer qu'un avantage accidentel. Ils ne doivent donc pas acquérir par lui plus que son éducation ne leur a coûté ; car leurs soins étoient pour eux un devoir et ne peuvent pas être évalués. L'excédant de ce qu'un enfant acquiert par son travail ou autrement, lui appartiendra donc en pleine propriété, et ses parens n'en seront que les administrateurs (*a*).

______

(*a*) J'observerai à cette occasion que les principes du droit naturel ne peuvent pas toujours servir au droit positif de règle stricte qui n'admette point d'exceptions. C'est à la législation positive à remédier aux inconvéniens qui seroient inévitables si le droit naturel étoit la seule règle de conduite pour les hommes *tels qu'ils sont*. Le législateur consulte l'histoire et les rapports locaux, et ce n'est que de la comparaison de leurs résultats avec les préceptes de la raison, que peuvent naître de bonnes lois. Le droit naturel ne peut donc pas être toujours le *criterium* de la législation positive, parce que celle-ci doit avoir des motifs puisés dans l'expérience, tandis que le premier en fait abstraction et ne s'occupe point, en établissant ses principes, des moyens de pré-

§. 26. L'éducation est finie dès qu'un enfant est parvenu à l'usage de sa raison, et que ses forces physiques et morales le mettent en état de se guider seul. Dès-lors les parens n'ont plus d'autorité à exercer sur lui ; il est *émancipé*. On conçoit que cet affranchissement de la puissance paternelle peut se faire peu à peu, à mesure que les facultés d'un enfant se développent ; et c'est même la seule manière qui convienne à une bonne éducation.

L'enfant est nécessairement émancipé par le *mariage*, parce que dès ce moment il a des devoirs à remplir qui n'admettent plus la soumission à une volonté étrangère. Mais il s'ensuit aussi que les parens, étant seuls capables de juger si leur enfant peut être abandonné à sa propre volonté, ont le droit de refuser jusqu'à une certaine époque leur consentement à son mariage.

---

venir l'effet des passions humaines. C'est ainsi que notre droit civil (article 384 du Code civil) accorde aux parens la jouissance de la totalité des biens de leur enfant jusqu'à l'âge de dix-huit ans, et réserve (par l'art. 387) à celui-ci tout le fruit de son travail séparé, quand même les avantages de la jouissance accordée aux parens excéderoient les frais de l'éducation, ou que l'enfant n'en acquitteroit pas tous les frais ; et rien n'est plus prudent : car combien de difficultés ne naîtroient pas d'un décompte ! que de querelles entre les parens et leurs enfans ! sans parler de ce que les enfans resteroient le plus souvent les débiteurs de leurs parens, et que la loi doit toujours se régler sur ce qui arrive le plus fréquemment.

SECONDE SECTION.

Remarques sur la puissance paternelle chez différens peuples anciens.

§. 27. Après avoir examiné les rapports que la nature a établis entre les parens et leurs enfans, voyons jusqu'à quel point les peuples de l'antiquité se sont conformés aux lois de la raison, ou combien ils s'en sont écartés pour sacrifier les droits de l'humanité au préjugé ou à la politique.

§. 28. Le penchant de dominer sur les autres est si puissant dans l'homme qu'il en coûte toujours beaucoup à celui qui est investi d'un certain pouvoir d'y renoncer volontairement. Cette expérience est presque généralement constatée par l'histoire de la puissance paternelle. Le père, qui commande en souverain dans l'intérieur de sa famille, voit avec peine la volonté de son fils s'opposer à la sienne ; l'empire qu'il a exercé sur son enfant dès sa naissance, est devenu pour lui une habitude, et la crainte de le voir finir ne lui permet guère de se convaincre que cet enfant, ayant lui-même atteint l'âge de la raison, n'a plus à rendre compte de ses actions qu'à lui-même. Il voit encore dans l'adolescent toutes les foiblesses du premier âge : habitué à être le soutien de son fils, il croit l'exposer à mille dangers en l'abandonnant à lui-même ; il voit que ses conseils pourront encore lui être utiles, et il en conclut que son autorité ne doit point cesser. Telle est l'origine de cette puissance paternelle prolongée jusqu'à la mort du père, que nous trouvons dans les temps des patriarches, et dont les livres de Moïse nous fournissent tant d'exemples. Son caractère distinctif étoit de faire regarder le chef d'une famille comme son législateur et l'arbitre du sort de chacun de ses membres. Lui seul étoit *propriétaire ;* les fils n'étoient que ses domestiques, et avant sa mort ils n'avoient aucune propriété ; leurs services étoient regardés comme un devoir, et celui qui s'y seroit soustrait, sans le consentement du père, étoit frappé de sa malédiction.

§. 29. Cette sévérité s'accrut encore lorsque les familles par leurs réunions eurent formé des sociétés politiques. Les institutions civiles, dont dépend l'administration de la justice, n'étant alors que très-imparfaites, on attribuoit le plus souvent au père les fonctions de magistrat : sans avoir égard aux droits des enfans, on ne consultoit que la politique, et l'on croyoit affermir l'état en accordant au père un pouvoir illimité sur eux. On confondoit les idées de subordination et d'obéissance avec celles d'une soumission à un pouvoir absolu, et le droit d'un père de commander, se changea bientôt en celui de prononcer souverainement sur le sort de son semblable. Les enfans furent regardés comme des créatures dont la propriété appartenoit à celui qui leur avoit donné le jour. De là les coutumes monstrueuses qui permettoient aux pères de vendre, d'exposer, de tuer leurs enfans, et dont les anciens historiens font mention (a). On ne

---

(a) Aristote nous fournit un exemple des raisonnemens que des philosophes même faisoient sur ces droits. Il dit (*Ethic. ad Nicomach.* lib. III, cap 4) que, pendant que les enfans sont membres de la famille, ils doivent être regardés comme faisant partie du père, et il en conclut que celui-ci ne peut pas plus commettre une injustice envers eux qu'envers les esclaves. Dans sa *Politique* (liv. VII, chap. 16), il approuve *l'exposition* de tous les enfans *difformes;* il estime encore que lorsque l'état est chargé d'une trop grande population, il peut permettre *l'avortement.* Le même auteur atteste (ibid. lib. VII, c. 10 et 12) l'empire tyrannique que les pères exerçoient sur leurs enfans chez les Perses.

Strabon (lib. XV, p. 481, ed. Genev. Casaub.) et Quinte - Curce (lib. IX, c. I) parlent de l'usage de plusieurs peuples Indiens, d'exposer et de tuer leurs enfans.

Jules César (*De bello gallico*, lib. VI, cap. 19) nous instruit que dans les Gaules le père avoit le droit de vie et de mort sur ses enfans.

Chez les Hébreux, le père et la mère avoient le droit de prononcer la peine de

considéroit pas qu'il ne peut y avoir de vertu et de grandeur d'ame dans le cœur des citoyens, qu'autant qu'ils ont appris de bonne heure à s'estimer eux - mêmes, et à sentir ce qu'ils doivent à l'état. Comment un jeune homme, arrivé à l'âge qui est si propre à faire naître dans son cœur les sentimens élevés, pourroit-il se pénétrer de la dignité qui est attachée à l'accomplissement fidèle de tous les devoirs envers la société, s'il n'est qu'un instrument entre les mains de son père, et s'il ne peut obtenir que par la mort de celui-ci une existence qui ne soit dépendante que des lois ? accoutumé à trembler et à fléchir dans sa jeunesse, comment dans un âge plus avancé, où l'homme commence déjà à se ressentir du poids des années, renversera-t-il les obstacles que le vice oppose sans cesse à la vertu ? (*a*)

---

mort contre un fils rebelle et désobéissant, en le dénonçant comme tel aux anciens de la ville. (DEUTERON. XXI, 18 et seq.)

Dans la GRÈCE, l'usage d'exposer les enfans étoit très-commun dans les anciens temps; voyez PLUTARCH. *in Lycurg.* tom. I, p. 49 (édit. *Wechelii*); et DIODOR. S., lib. I, cap. 80. STRABON trouve cela si naturel qu'il observe comme un usage particulier celui des ÉGYPTIENS d'élever tous leurs enfans.

Si l'on en croit SEXTUS EMPIRICUS, lib. III, cap. 24, le droit de vie et de mort étoit aussi accordé au père chez les ATHÉNIENS ; cela est en contradiction cependant avec la restriction que SOLON apporta à la puissance paternelle. En tout cas ce droit a été aboli dans la suite, comme il est prouvé par un passage de DENYS D'HALICARNASSE, *Antiq. Rom.* lib. II, cap. 26 (édit. Oxon.), où il est question *du droit de renier les enfans* (*abdicandi liberos*), comme du plus grand pouvoir qu'un père eût sur ses enfans chez les Grecs. Cf. MEURSII *Themis Attica* , lib. I, cap. 2. La législation de CONFUCIUS tendoit aussi à attribuer au père un pouvoir absolu sur ses enfans.

Il sera question plus bas de l'étendue de ce pouvoir chez les Romains.

TACITE (*de moribus Germaniæ, XIX*) nous apprend qu'il n'étoit point permis aux pères, chez les GERMAINS, de diminuer le nombre de leurs enfans. Ce peuple, si barbare alors, auroit donc surpassé en justice, sous ce rapport, les nations civilisées de la Grèce et celle qui étoit aussi fière de ses douze tables que du succès de ses armes!

(*a*) On a soutenu que la force du gouvernement dépendoit de l'étendue du pouvoir que les lois donnent aux pères sur les enfans , puisque l'état ne se composoit que de familles, et que le chef de chacune avoit le plus de moyens de diriger l'esprit de

§. 3o. Néanmoins nous trouvons dans l'antiquité aussi des législateurs qui, mûs par le véritable intérêt de l'état, voyoient
dans chaque fils nouveau-né un citoyen, et choisissoient les
moyens propres pour lui en assurer tous les droits. Tel est un
des caractères qui distinguent le chef-d'œuvre du génie de

---

ses membres ; que l'action du gouvernement étoit donc beaucoup simplifiée s'il n'avoit
qu'à se reposer sur l'attachement des pères de famille : on en a conclu que le sort
de l'enfant devoit être tellement lié à la volonté de son père que sans lui il n'eût
aucune existence civile, et que c'étoit le plus sûr moyen de nourrir parmi le peuple
l'esprit de subordination et d'obéissance aux lois. (Tels sont aussi les principes dans
lesquels est rédigé l'*Essai sur l'histoire de la puissance paternelle, par NOUGARÈDE ;
Paris*, 1801.)

Mais je répondrai à ces assertions, que l'état ne se compose que momentanément
des mêmes familles ; que leurs chefs meurent, et qu'ils doivent être remplacés par ces
mêmes fils de famille qui auparavant vivoient dans la dépendance ; que l'intérêt
du gouvernement est donc de veiller à ce que tous reçoivent une bonne éducation
et qu'ils apprennent à remplir par eux-mêmes les devoirs d'un membre utile de l'état ;
qu'il faut des *hommes* au gouvernement et non des êtres affoiblis par une obéissance
servile ; que c'est entretenir les dissensions dans les familles que de mettre les enfans
en contradiction avec leur père, en les faisant dépendre de lui dans un âge où leurs
propres facultés et leur raison sont développées ; enfin qu'une grande masse de forces
est perdue pour l'état si chaque individu ne se trouve le plus tôt possible dans une
sphère qui lui permette d'exercer toute son activité.

Le meilleur argument en faveur de ces principes est, ce me semble, la législation
du Code civil, par lequel la France a le bonheur d'être régie aujourd'hui. Ses dispositions sur la puissance paternelle ne prouvent-elles pas que le premier soin de ses auteurs a été de rester en ligne avec les progrès du siècle ; d'employer les forces des
générations naissantes aussitôt qu'elles sont développées, et de faire d'un fils de famille
un membre utile de la société à vingt-un ans plutôt qu'à vingt-cinq ? N'y a-t-on pas fixé
les bornes de ce pouvoir, de manière que le père puisse donner à ses enfans une bonne
éducation avec toute l'énergie possible, sans pouvoir employer des moyens arbitraires,
qui influent d'une manière nuisible sur le sort futur de l'enfant ? Enfin, n'a-t-on pas
voulu laisser aux pères et mères la faculté de récompenser leurs enfans par une distribution sage de leurs biens, sans cependant anéantir la fortune de ceux qui ne se
seroient pas rendus dignes de leurs bienfaits ? Et croira-t-on que le gouvernement
françois ait moins de forces en mains que celui qui n'attendroit la soumission due
aux lois que du pouvoir absolu des pères de famille ?

Solon. On connoît les exercices publics auxquels tous les jeunes Athéniens devoient prendre part, et dont le but étoit de produire en eux une noble émulation, et de développer de bonne heure les forces qu'ils devoient consacrer un jour au bien de l'état. Solon (*a*) ne se contenta pas d'avoir partagé ainsi, entre les officiers publics et le père, la surveillance qu'exige une bonne éducation ; il ne vouloit pas seulement fixer les vues du jeune citoyen dès sa première jeunesse sur la gloire qui l'attendoit : mais son but étoit encore de faire profiter l'état des premiers fruits de son éducation, et de ne point arrêter dans son cours le noble enthousiasme qui marque les premières années de l'âge viril par de belles actions. Il affranchissoit donc les fils de la puissance paternelle, aussitôt qu'ils avoient des devoirs à remplir qui ne se bornoient pas à ceux que leur imposoit leur condition de fils de famille, c'est-à-dire, dès qu'ils se marioient et dès qu'ils étoient inscrits sur la liste des citoyens. L'acte public et solennel qui leur donnoit cette dernière qualité, avoit lieu à l'âge de vingt ans ; ils prêtoient alors ce célèbre serment qui, en leur donnant tous les *droits* d'un membre de l'état, leur en faisoit aussi connoître tous les *devoirs*. (*b*)

____

(*a*) V. Plutarch. *in vita Solonis.*

(*b*) L'énergie des termes dans lesquels il est conçu, et les sentimens qu'il exprime, m'engagent à le répéter ici, tel que Stobée et Pollux (liv. VIII , c. 6) nous l'ont conservé. « *Je ne déshonorerai point la profession des armes , et ne sauverai* « *jamais ma vie par une fuite honteuse. Je combattrai jusqu'au dernier soupir pour* « *les intérêts de la religion et de l'état, de concert avec les autres citoyens, et seul* « *s'il le faut. Je ne mettrai point ma patrie dans un état pire que celui où je l'ai* « *trouvée, mais je ferai tous mes efforts pour la rendre encore plus florissante. Je serai* « *soumis aux magistrats et aux lois, et à tout ce qui sera réglé par le commun consen-* « *tement du peuple. Si quelqu'un viole ou tâche d'anéantir les lois, je ne dissimulerai* « *point un tel attentat; mais je m'y opposerai, ou seul, ou conjointement avec mes* « *concitoyens. Enfin je demeurerai constamment attaché à la religion de mes pères.* « *Je prends sur tout ceci à témoin Agraule, Enyalius, Mars et Jupiter.* » Ce serment fait aussi le sujet d'un poëme du célèbre auteur des *Templiers*, intitulé *Socrate dans le*

§. 31. Le législateur de Crête, et celui de Sparte, qui a marché sur ses traces, avoient adopté des principes différens, qui sous certains rapports ne sauroient être réprouvés par la raison. Ils ont regardé l'éducation comme un objet dont le soin appartenoit uniquement à l'état. En effet, dès que les hommes se sont réunis sous des lois communes, l'intérêt de l'état doit l'emporter sur tous les autres. Si donc sa constitution est nécessairement liée à l'uniformité des mœurs et des exercices de tous les citoyens, il a aussi le droit de choisir les seuls moyens qui puissent conduire à ce résultat. Les constitutions de *Crête* et de *Lacédémone* reposoient essentiellement sur l'esprit militaire du peuple et la soumission la plus stricte aux lois. Minos et Lycurgue ne pouvoient choisir de meilleurs moyens pour former de bons soldats qu'en faisant élever tous les enfans publiquement. Une telle éducation leur donnoit des principes constans et uniformes, et on leur inspiroit de bonne heure l'amour de la patrie et des vertus d'un bon citoyen. Il est vrai que ces législateurs sacrifièrent ainsi au bien général les vertus domestiques, et qu'ils brisèrent les doux liens que la nature a établis entre les parens et ceux qui leur doivent le jour. Aussi ces moyens d'assurer l'existence d'un état ne prouvent pas la perfection de sa constitution ; mais il suffit que leurs institutions fussent propres à élever les enfans pour l'intérêt commun, sans les exposer au despotisme paternel, pour les justifier sous le rapport *politique*.

---

temple d'Aglaure, qui a été lu et couronné à l'Institut impérial, dans sa séance du 6 Nivôse XII.

Croira-t-on que cette auguste cérémonie fût moins propre à inspirer à un jeune Athénien l'amour des vertus publiques et privées que les ordres d'un père sous le pouvoir duquel il eût continué à végéter? M. Nougarède (dans le livre cité, l. II, ch. 5, et liv. VI, chap. 10) trouve que Solon, en émancipant les fils à l'âge de 20 ans et lorsqu'ils se marioient, dénouoit les liens des familles, sacrifioit le père à l'indépendance des enfans, et semoit ainsi lui-même les germes de la destruction de l'état qu'il avoit organisé.

SECTION TROISIÈME.

Examen historique de la Législation romaine sur la puissance paternelle, et des changemens qu'elle a subis successivement.

§. 32. J'arrive à l'examen des lois qui ont été en vigueur sur cette matière chez le peuple qui, sous bien des rapports, occupe jusqu'à nos jours la place la plus importante dans l'histoire.

Les Romains avoient de tout temps attaché un intérêt particulier au perfectionnement de leur droit privé. Ils y ont réussi, au point que leur Code a été regardé, par bien des peuples modernes, comme le système le plus parfait d'une législation civile, et qu'on n'a point hésité à se soumettre encore à l'autorité de ces lois long-temps après que la puissance de leurs auteurs avoit disparu. Mais il s'en faut beaucoup que cette législation se soit ressemblée dans tous les temps : nous la voyons dans l'espace de treize siècles se former d'élémens arbitraires et incertains, se perfectionner par une réunion de talens, s'affermir et s'étendre par de grands événemens politiques, dépérir par des abus de toute espèce, s'anéantir sous les barbares, et renaître enfin de ses débris.

§. 33. Pour traiter ce sujet méthodiquement, je devrois m'attacher à l'ordre des grandes périodes de l'histoire du Droit romain (*a*), et exposer l'état de la législation sur cette matière dans cha-

---

(*a*) La division des périodes de l'histoire du Droit romain a été faite de diverses manières. Le plus souvent on a suivi les révolutions politiques. Mais, quoique ces révolutions aient fréquemment exercé une influence marquée sur la législation, l'histoire de celle-ci doit néanmoins être considérée sous un point de vue plus général, d'après lequel on s'attache moins à examiner les changemens partiels qui ont eu lieu à la suite de certains événemens politiques, qu'à déterminer les grandes époques qui résultent des

cune d'elles. Mais les limites étroites de cet essai ne me permettent point les répétitions fréquentes auxquelles m'exposeroit cette méthode : je me bornerai donc à analyser les différens droits attachés à la puissance paternelle par les lois romaines, et d'indiquer à l'occasion de chacun les divers changemens qu'il a subis.

---

causes directes mêmes qui ont produit les différences dans cette législation. On pourroit donc, en suivant ce système, établir convenablement la division suivante.

PREMIÈRE PÉRIODE.

Depuis l'origine de l'État jusqu'aux lois des douze Tables 1-300 (A. de R.), 750-450 (avant J. C.). C'est l'histoire de l'État et de sa législation dans leur enfance : vers la fin de la période seulement, on trouve cette loi importante (celle des douze Tables) dont l'autorité est encore reconnue dans le Code de JUSTINIEN même. — JURISCONSULTES CÉLÈBRES de cette période : PAPIRIUS, APPIUS - CLAUDIUS.

SECONDE PÉRIODE.

Depuis la loi des douze Tables jusqu'à Cicéron 300-650 (A. de R.), 450-100 (av. J. C.). Elle comprend l'histoire de l'agrandissement de l'État et du perfectionnement de la législation par les usages ; origine de la distinction entre le Droit civil et le Droit Prétorien. — FLAVIUS, CORUNCANIUS, ÆLIUS, CATON.

TROISIÈME PÉRIODE.

Depuis Cicéron jusqu'à l'empereur ALEXANDRE SÉVÈRE, 650-1000 (A. de R.), 100 (av. (J. C.) — 250 (après J. C.). Cette période montre l'État et sa législation dans toute leur vigueur ; c'est l'âge d'or des sciences, de l'éloquence , de la poésie et de la jurisprudence. Elle offre des plébiscites et des sénatus-consultes remarquables , d'excellentes constitutions des empereurs, des auteurs classiques dont les ouvrages ont été les sources des Institutes et des Pandectes. SERVIUS SULPICIUS, SCÆVOLA, SABINUS, JULIEN, PAPINIEN, GAJUS, ULPIEN, PAUL, MODESTIN.

QUATRIÈME PÉRIODE.

Depuis Alexandre Sévère jusques et compris Justinien, 1000-1300 (A. de R.) , 250-550 (après J. C.). Nous voyons dans cette période la décrépitude de l'État et la décadence de la littérature et de la jurisprudence. Cette dernière ne se fonde plus que sur des allégations et de mauvaises constitutions, auxquelles on donna le nom de lois, et dont on fit à la fin des compilations. — HERMOGÉNIEN, TRIBONIEN, THÉOPHILE.

§. 34. Dans l'exposition des lois sur cette matière, nous avons à considérer :

1.º Les *droits* que donnoit la puissance paternelle;

2.º De quelle manière on *l'acquéroit ;*

3.º Quelles étoient les causes qui la faisoient *cesser.*

I) *Des droits dont se composoit la puissance paternelle chez les Romains.*

§. 35. Le droit romain attribuoit toute l'autorité des parens sur leurs enfans au père ou à l'aïeul paternel (*a*); la mère n'en exerçoit aucune (*b*) : elle étoit elle-même dans la puissance de son mari, et la tutèle qu'elle avoit sur ses enfans après la mort du père (*c*), ne peut point être regardée comme une translation du pouvoir paternel; car elle ne lui en donnoit pas les droits, et ne lui étoit déférée que comme à la plus proche parente (*d*).

§. 36. Ce pouvoir n'appartenoit qu'aux *citoyens romains*, et il étoit plus étendu chez ce peuple que dans toutes les autres législations; Justinien l'atteste, en vantant les prérogatives qui y étoient attachées (*e*). Son principe fondamental étoit l'UNITÉ DE LA PERSONNE entre le père et l'enfant, quant aux rapports qui résultent du droit privé (*f*). Ceux qui étoient soumis à la puissance du même chef, constituoient ensemble la FAMILLE, qui se

---

(*a*) *L.* 51 , *ff. de verb. signif.*

(*b*) *L.* 5 , *Cod. de Adoptionib.*

(*c*) *Nov.* 118, c. 5.

(*d*) §. 10, *Inst. de Adopt.* ULPIANI, *Fragm. Tit. VIII*, §. 9. CAJI *Institut. lib. I, t.* 3 , §. 3.

(*e*) §. 2. *Inst. de Patria pot.* « *Jus potestatis, quod in liberos habemus, proprium est civium Romanorum. Nulli enim alii sunt homines qui talem in liberos habeant potestatem, qualem nos habemus.* »

(*f*) *L. fin. C. de Impub. et al. substitut.*

trouvoit dissoute par la mort naturelle ou civile du père. C'est sur cette unité, qui ne faisoit regarder les enfans et le chef de famille que comme une *seule personne civile*, que se fondent les diverses expressions synonymes de *puissance paternelle* (*a*).

§. 36. L'origine de la puissance paternelle chez les Romains remonte à celle du peuple même. Les ténèbres qui couvrent l'histoire de ces temps, et le peu de notions que nous avons sur les lois qui gouvernoient alors cet état, ne nous permettent guère de faire des recherches sur le véritable auteur de la loi qui accordoit aux pères un pouvoir absolu sur leurs enfans. Les jurisconsultes l'attribuent ordinairement à *Romulus ;* il nous suffira de savoir que ce droit a été en vigueur sous les rois, et que les lois des douze Tables le confirmèrent expressément (*b*).

(*a*) Telles que : Potestas familiæ ; *L.* 10. *Cod. de suis et legit.* Familia, *L.* 5 *, ff. de his qui sui vel al. L.* 17 *,* §. 2 *, ff. de adopt.* Familiæ vinculum, *L.* 87 *, ff. de acquir. vel omit. hered.* Familiæ sacra, *L.* 11 *, Cod. de Donat.* Nexus paternus, *L.* 6 *,* §. 3 *, Cod. de bonis quæ lib*. Nexus paternæ potestatis, §. 4. *Inst. Quib. mod. jus patr. pot. solv.* Vinculum paternæ potestatis, *L.* 6 *, Cod. de sententiam passis; L.* 4 *Cod. de pactis convent.* Vinculum potestatis, *L.* 17 *, Cod. de Donationib.*

(*b*) Denys d'Halicarnasse, *Antiq. Rom. L. II, c.* 26, dit que la puissance paternelle a été introduite *Lege regia,* ce qui est confirmé aussi par Papinien (*in Respons. lib. singul. et tit. de Adulteriis,* recueilli par l'auteur de la *Collatio Mosaicarum et Romanarum legum*, lib. eod. tit. VIII). Ulpien, au contraire, la qualifie *d'usage ancien* (moribus recepta), *L.* 8. *ff. de his qui sui vel alieni jur.*

Schulting (*in Observ. ad Mosaic. et Rom. leg. Collat. eod.* 48) fait cette observation très-juste, que souvent les anciens jurisconsultes attribuent à la force de l'usage ce qui avoit été introduit par d'anciennes lois, parce que l'observation universelle et constante d'une loi la faisoit regarder plutôt comme une pratique généralement reçue, que comme une loi expresse. C'est dans ce sens, dit-il, qu'Ulpien, voulant parler de la réception de ce droit dans les douze Tables, l'a qualifié, non de *loi royale* (parce qu'après l'expulsion des rois les lois rendues par eux ne portoient plus ce nom), mais d'*usage ancien.*

C'est Denys d'Halicarnasse (l'auteur classique qui parle le plus amplement de l'ancienne législation romaine), qui nous apprend, liv. II, c. 27, que la loi sur la Puissance paternelle fut reçue ensuite dans les douze Tables. On trouvera dans la suite les fragmens de ces Tables qui ont trait à cette matière.

§. 37. La puissance paternelle donnoit au père :

I.) LE DROIT DE VIE ET DE MORT SUR SES ENFANS (*a*).

Ce droit terrible autorisoit à la fois le père d'exposer les enfans en bas âge et de leur infliger la peine de mort. L'un de ces droits différoit cependant de l'autre, en ce que le premier n'étoit pas accordé au père sans restriction; car, suivant la loi de ROMULUS, il ne pouvoit l'exercer que sur les filles puinées et les enfans monstrueux, et seulement dans le cas où ces derniers avoient été reconnus comme tels par cinq des plus proches voisins. Cependant il semble que les filles ne pouvoient être exposées que lorsqu'elles avoient atteint l'âge de trois ans (*b*). Cette loi, comprise dans les douze Tables (*c*), fut ensuite transgressée au point que rien n'étoit plus fréquent sous les empereurs que l'exposition des enfans, au mépris de toutes les restrictions que le législateur y avoit apportées. Pour extirper un usage aussi barbare, il fallut des sénatus-consultes et des lois (*d*) qui menaçassent de la peine du parricide ceux qui exposeroient des enfans non difformes (*e*).

(*a*) *L.* 11 *in fin. ff. de liberis et posthumis.*

(*b*) V. DIONYS. HALICARN. l. c. « *Romulus primum quidem ejus colonis necessitatem* « *imposuit educandi omnem virilem prolem et e filiabus eas quæ primogenitæ essent,* « *et vetuit ne ullum fœtum triennio minorem necarent, nisi si quis infans mutilus aut* « *prodigiosus statim in ipso partu editus fuisset. Nam non vetuit istiusmodi monstrosos* « *partus a parentibus exponi, dummodo eos prius ostenderent quinque vicinis proximis,* « *si et ipsi id comprobarent; in eos vero qui contra leges istas fecissent, mulctas sta-* « *tuit, cum alias, tum etiam hanc qua dimidium bonorum quæ illi possiderent ærario* « *addixit.* » Voy. aussi MONTESQUIEU, Espr. des lois, L. 23, ch. 22.

(*c*) CICERO, *de legibus, III,* 8.

(*d*) *L.* 2 *Cod. de Infant. exposit.*

(*e*) Il y a eu de grandes controverses entre plusieurs jurisconsultes célèbres sur la véritable époque à laquelle le droit d'exposer les enfans fut entièrement ôté aux pères. NOODT, dans son traité intitulé *Julius Paulus* (*in ejus opusculis, tom. I*), soutient que ni le *SCtum Plancianum* (*L.* 1 , §. 1 , *ff. de agnoscend. et alend. lib.*), ni un autre rend.

§. 38. Le père exerçoit un pouvoir beaucoup plus étendu sur ses enfans en vertu du droit de *prononcer sur leur sort*, quand ils s'étoient rendus coupables de quelque atteinte à son autorité ou d'un autre délit. Il pouvoit à cet effet constituer un tribunal de famille, en appelant auprès de lui les plus proches parens ou des *personnes de distinctions* (*viri principes*) (*a*), et condamner ainsi son enfant aux travaux publics, à la fustigation, ou même à la peine de mort (*b*). Le père, en usant de ce droit, exerçoit de véritables fonctions de juge, et on doit regarder ce pouvoir comme une magistrature que le législateur avoit voulu lui confier (*c*).

---

sous Adrien (*L.* 3, §. 1, *eod.*), ni le rescrit des deux Antonins (*L.* 1, *pr. ff. de inspiciendo ventre*), n'étoient des lois pénales qui défendoient l'exposition des enfans, mais que ce n'étoient que des dispositions du droit civil qui tendoient à réprimer l'abus de ce pouvoir; que ce ne fut que la loi 2, Cod. de *Infantib. expositis*, rendue sous les empereurs Valentinien, Valens et Gratien, qui mit un véritable frein à cette barbarie, en lui appliquant les peines de la loi 8, Cod. *ad leg. Cornel. de sicariis.*

Bynkershoek s'est opposé à cette doctrine, et a essayé de démontrer, dans ses deux traités de *jure occidendi, vendendi et exponendi liberos* (insérés dans ses *Opuscules*), que ce droit avoit déjà été aboli par les empereurs Trajan, Adrien et les deux Antonins.

Gebauer, dans sa seconde dissertat. *de patria potestate* (in *exercitation. academicis*, Erfurt, 1776), examine les argumens de chacune de ces deux opinions, et se range du côté de Noodt, en prouvant avec assez de clarté que l'exposition des enfans n'a été totalement abolie que sous *Valentinien*, mais que le droit de prononcer contre un enfant la peine de mort avoit déjà été ôté aux pères sous *Alexandre Sévère.* Voy. à ce sujet encore *Heineccii antiquitates Romanæ*, L. I, t. 9, c. 5.

(*a*) Cf. Everardi Ottonis *commentar. ad Institut. de patria potestate*, §. II (4).

(*b*) On en trouve cité beaucoup d'exemples dans Valerius Maximus, Salluste, Quintilien, Senecque et Tite-Live, insérés dans les Antiquités romaines de Heineccius, L. 1, t. 9, §. 1, et dans Gebauer, *Dissertatio prima de patria potestate*, liv. II, §. 6.

(*c*) On a attribué le fondement de cette autorité à un droit de propriété du père sur ses enfans. Il est vrai qu'en songeant au droit que le père avoit aussi de les vendre, on est tenté d'abord de regarder l'un et l'autre comme découlant de la même source; mais le contraire résulte cependant de la nature même de ce droit, qui ne pouvoit être exercé que lorsqu'il existoit un délit et avec des formalités qui entraînoient une certaine surveillance sur l'usage que le père en faisoit. S'il l'avoit fait

L'origine de ce droit remonte également aux usages qui se prati-
quoient chez ce peuple lors de son premier établissement, et à
une époque où ses mœurs se ressentoient encore d'une grande barbarie. Denys d'Halicarnasse nous informe (*a*) que le législateur avoit établi ce pouvoir par une loi expresse, et que souvent
des fils de famille qui avoient bien mérité de la patrie, furent
ainsi sacrifiés par leurs pères, malgré l'indignation du peuple.
Cette loi fut répétée dans les douze Tables, dont les fragmens nous

---

en vertu d'un droit de propriété, il auroit disposé arbitrairement de la vie de son
enfant, comme il pouvoit le faire alors par rapport à ses esclaves; mais le législateur
ne lui avoit donné ce pouvoir que pour faire respecter sa propre autorité, qui reposoit
essentiellement sur celle attribuée au père. Ce pouvoir a été envisagé sous le même
point de vue par beaucoup d'auteurs anciens qui dans ce sens appellent le père : *Judex
domesticus;* Seneca, *controv.* II, 3 : *domesticus magistratus;* Seneca, *de Benefic.* III, 2 :
Censor filii; Sueton. *in Claudio, c. XVI:* et l'autorité du père, *patria majestas;* Quintilian.
Declam. 376 et 377; Valer. Max. *lib. VII,* 5. Les expressions adoptées dans plusieurs
lois semblent aussi attribuer au pouvoir du père ce caractère; telles que Sacra *patris,*
*l. ult. §. ult. Cod. ad SCtum Tertullianum; l. ult. §. ult. Cod. de inoff. testamento; l. ult.
princ. Cod. de Curatore furioso.* Sacra paterna, *l.* 31, *Cod. de fideicommis.* Familiæ
sacra, *l.* 11, *Cod. de donationibus.* Sacra, *l.* 20, *Cod. de nuptiis; l.* 12, *Cod. de colla-
tionib. l.* 3, *Cod. de suis et legitimis; l. ult. Cod. communia de successionibus; l.* 3, *Cod.
de bonis maternis.* D'ailleurs il n'est guères probable qu'on ait fait, dans le temps où
ce droit a eu lieu, une distinction qui traçât exactement les limites entre le pouvoir
que le père n'exerçoit que comme *magistrat,* et celui qui dérivoit d'une espèce de *propriété* que les lois lui donnoient sur ses enfans pour son avantage; et il est donc
inutile d'entrer dans de longs raisonnemens, qui ne changent rien à la nature
de la chose. Cette question a été beaucoup agitée par Bynckershoek, dans son traité
cité, de *Jure occidendi etc., c.* 1; par Gebauer, dans sa dissertation précitée, et dans
celle de Robert, *Commentatio de Bynckershœkii et Gebaueri doctrina de patria
potestate antiqua;* Wetzlar 1784. Voy. aussi le commentaire de Glück sur les Pandectes, h. l.

(*a*) Lib. II , Ant. rom. « *Romanorum legislator omnigenam potestatem patri dedit in
« filium, et quidem toto vitæ tempore; sive eum in carcerem detrudere , sive flagris
« cædere, sive vinctum ablegare ad rusticum opus, sive necare libuerit.* » Cf. Papinianus
in Collat. leg. Mosaicar. et Rom. T. V, §. 8; Bynckershoek, de jure occidendi
liberos, cap. I.

apprennent encore son existence (*a*); mais une législation qui admettoit un pouvoir aussi arbitraire et tyrannique, étoit incompatible avec le gouvernement monarchique, qui reposoit sur des institutions plus salutaires. On trouve dès le règne de l'empereur *Trajan*, et ensuite sous *Adrien*, *Antonin Pieux* (*b*) et *Caracalla*, des constitutions qui tendent à réduire ce pouvoir excessif (*c*); et le jurisconsulte PAUL (qui a vécu au commencement du troisième siècle après J. C. (*d*)), en parle déjà comme d'un droit qui avoit existé *autrefois* (*e*). Sous *Alexandre Sévère* (228 après J. C.) cependant, le père jouissoit encore du droit de prescrire au magistrat la sentence qu'il vouloit faire prononcer contre son fils (*f*); et *Constantin le Grand* (319 après J. C.) se vit obligé de réprimer l'abus de la puissance paternelle par une loi dans laquelle il menaçoit de la peine du parricide le père qui auroit tué frauduleusement son enfant (*g*). Ce ne fut que par une loi rendue sous les empereurs *Valentinien* et *Valens* (365 après J. C.) que le pouvoir du père de punir son fils fut enfin réduit à la faculté de lui infliger des châtimens modérés (*h*).

§. 39. Si la *propriété* n'étoit pas le fondement du droit de vie et de mort que les pères avoient sur leurs enfans, il n'en est pas de même

II.) DU DROIT DE VENDRE LES ENFANS, qu'on ne sauroit

(*a*) ENDO (IN) LIBERIS JUSTIS JUS VITÆ, NECIS, VENUNDANDIQUE POTESTAS ESTO. JACOB GOTHOFRED *in quatuor font. juris civil. de LL. XII tab. IV; cf.* ULPIANI Fragm. *t. X,* §. 1, *in* SCHULTINGII Jurisprudentia vetus antejustinianea, Lips. 1737, p. 592.

(*b*) *L. fin. ff. Si a parent. quis manumissus sit; l. 5, ff. ad leg. Pompej. de parricid.*

(*c*) *L. 13, §. fin. ff. de re militari; l. 2, ff. ad leg. Cornel. de sicariis.*

(*d*) Voy. BRUNQUELL, *historia juris,* p. 126.

(*e*) *L. 11 ff. de Liber. et posthum. L. 5 ff. de leg. Pompeja de parricidiis.*

(*f*) *L. 3, Cod. de Patr. pot.*

(*g*) *L. unica Cod. de his qui parentes vel liberos occiderunt.*

(*h*) *L. unica Cod. de emendatione propinquorum.*

attribuer à un autre principe (*a*) sans s'arrêter à de vaines difficultés (*b*); car en vertu de ce droit, qui d'abord étoit illimité,
un père rendoit arbitrairement son fils l'esclave d'un autre, et, ce
qui mettoit le comble à la rigueur de ce pouvoir, il reprenoit
deux fois son ancienne autorité sur lui, si par un moyen quel-
conque le fils étoit parvenu à s'affranchir de son esclavage, de
manière que le père pouvoit le *vendre trois fois de suite*. Ce
droit rigoureux ne cessoit que lorsque le fils avoit été émancipé,
ou qu'il s'étoit marié avec le consentement du père, quoique
restant dans sa puissance, et il ne souffroit quelque exception
qu'à l'égard des *filles* et des *petits-enfans*, qui ne pouvoient être
vendus qu'une seule fois (*c*). Ce droit ne pouvoit plus subsister
lorsque les mœurs se furent adoucies, et l'empereur *Antonin
Pieux* le qualifie déjà d'illicite et de contraire à l'honnêteté (*d*).
Il fut entièrement aboli par deux lois rendues sous les empereurs *Dioclétien* et *Maximinien*, dont l'une le défend et dont

---

(*a*) Dionys. Halic. L. II, c. 27. Il atteste aussi que cette loi de Romulus faisoit
partie de celles des douze Tables. Nous la trouvons à la suite du fragment cité dans
les notes du paragraphe précédent; elle étoit ainsi conçue : Si pater filium ter ve-
nunduit, filius a patre liber esto. Cf. les auteurs cités précédemment à cette occasion, et Huberi *Digressiones Justinianeæ;* Franeker, 1696, P. I, Liv. II, c. 4.

(*b*) Il y a eu des auteurs qui ont soutenu que le père ne pouvoit vendre de cette
manière qu'un fils *obéré*, et qu'il devoit y avoir toujours une juste cause, attendu
que souvent ce n'étoit que pour un certain temps, et que la qualité d'*ingénu* d'un fils
de famille n'en souffroit point, lorsqu'il étoit rendu à la liberté; que le père ne vendoit donc son fils que comme un juge qui le condamnoit à la servitude pour cause de
dettes ou de dommage causé à autrui. Mais cette restriction ne se trouve nulle part
dans les lois, et ce n'est qu'un simple raisonnement qui ne prouve rien : car le
père n'étoit pas tenu d'exprimer une cause pour laquelle il vendoit son fils, ou d'ajou-
ter une condition qui limitoit sa servitude; il pouvoit le vendre pour toujours. Pourquoi
n'auroit-on pas porté une pareille contestation devant le *Préteur?* Il s'agissoit dans ces
cas des droits d'un tiers, où le père ne pouvoit être juge.

Cf. Datt, de *Venditione liberorum*, in Thesauro Meermanni, t. II.

(*c*) Dionys. Halicarn. l. c.

(*d*) L. 1. Cod. de *liberali causa.*

l'autre contient une sanction pénale (*a*). Néanmoins *Constantin le Grand* laissa subsister (*b*) le droit qui autorisoit un père très-pauvre. et non capable de nourrir son enfant, de le vendre au moment où il venoit au monde (*sanguinolentus*), et donnoit à l'acheteur le droit de le garder comme esclave, sous la condition cependant de le rendre, si quelqu'un lui en offroit le prix pour le tirer de la servitude. Mais pour ne pas réduire un père indigent à la dure nécessité de profiter de cette permission, il ordonna en même temps que les alimens seroient fournis par le trésor public à des parens pauvres qui voudroient élever eux-mêmes leur enfant (*c*). *Justinien* n'ayant point adopté cette dernière disposition dans son Code, quoiqu'il eût conservé la première, il s'ensuit que le droit d'un père indigent de vendre son enfant dès sa naissance fut remis en pleine vigueur (*d*).

§. 40. Par le même principe de la *propriété*, le père avoit

III.) LE DROIT DE LIVRER UN ENFANT DÉLINQUANT (*noxæ dandi*) à celui à qui il avoit causé du dommage. On trouve des preuves de l'existence de ce droit dans les Pandectes et dans plusieurs auteurs anciens (*e*). Il étoit limité en ce qu'un fils de

---

(*a*) L. 1. *Cod. de Patrib. qui fil. distraxerunt.* « *Liberos a parentibus neque vendi-* « *tionis neque donationis titulo, neque pignoris jure, aut alio quolibet modo, nec sub* « *prætextu ignorantiæ accipientis in alium transferri posse, manifestissimi juris est.* » L. 37, *Cod. de liberali causa.* Quant à la défense de donner les enfans en gage, voyez JUL. PAULI *Recept. sententiæ*, V. 1, 1, d'où a été tirée la loi, 5 *ff. quæ res pignori dari possunt.* Ajoutez les lois 6, Cod. eod. L. 12, Cod. de *Obligat. et actionib.*, et Nov. 134, c. 7.

(*b*) L. 2. *Cod. de Patrib. qui filios suos distraxerunt.* Cette loi se trouvoit dans le Code Théodosien, *de his qui sanguinol. emt. vel nutr. accep.*, dont elle a été tirée et changée. Voy. JACOB. GOTHOFRED. *in Comment. ad Cod. Th. et* DATT. *l. c. C.* 6.

(*c*) L. 1 et 2. *Cod. Theodos. de Alimentis quæ inop. parent. e publ. petere debent.*

(*d*) L. 2. *Cod. de patrib. qui fil.*

(*e*) L. 5, §. 5, *ff. De Obl. et Act.* L. 3, §. 4, *de Homine libero exhibendo.* PAULI *Recept. sentent.* II, 31, 9. PAPINIANUS, *apud collat. LL. Mosaic. et Romanar.* II, 3. MARCILIUS, ad L. XII Tab. c. 25.

famille qui avoit été ainsi livré à un autre, ne devenoit esclave que momentanément, et pouvoit s'affranchir de la sérvitude et recouvrer ses droits *d'ingénu* en réparant le tort qu'il avoit causé (*a*). Ce droit a été entièrement aboli par Justinien (*b*), qui nous apprend qu'auparavant déjà il étoit tombé en désuétude, parce qu'il choquoit les lois de la nature et les bonnes mœurs, surtout lorsqu'il étoit exercé sur une fille. Cependant le père étoit tenu ensuite de réparer le dommage causé par son fils, jusqu'à concurrence du *pécule* de son enfant, qu'il avoit entre les mains (*c*).

§. 41. En vertu de ce principe, le père avoit également

IV.) Le droit de révendiquer un enfant qui se trouvoit sans cause légitime entre les mains d'un autre. Le père dans ce cas pouvoit intenter *l'action en révendication*, ou celle *pour cause de vol* (*d*), à l'instar de l'action qu'on avoit pour demander à être déclaré propriétaire d'une chose et pour en obtenir la restitution. S'il ne vouloit cependant pas se servir de ce moyen, il pouvoit intenter une action *préjudicielle* (*e*), ou demander un *interdit* (*f*).

(*a*) Everard. Ottonis *Comment. ad. Inst. de noxalib. actionib.* §. 7. Papinianus, l. c. Cujacius, *lib. XIII obs. c.* 9. Salmasius, *de modo usur. c.* 17, 18.

(*b*) §. 7, *Inst. de noxalib. act. l.* 33, *et sq. ff. eod.*

(*c*) *L.* 35, *ff. de noxal. act. L.* 3, §. 11, *ff. de Peculio. L.* 57, *ff. de Judicis.*

(*d*) L'enfant dans ce cas étoit *assimilé* seulement à une chose, parce que sa qualité *d'ingénu* empêchoit qu'il fût révendiqué comme toute autre chose corporelle. C'est pour cette raison que Pomponius dit qu'il falloit alléguer la *cause* de la révendication d'un fils de famille, c'est-à-dire, le droit de propriété *ex Jure Romano, ex lege Quiritium*, parce que le fils de famille n'étoit pas une chose *mancipi*, comme un serf. *L.* 1, §. 2, *ff. de Reivindicatione.* « *Adjecta causa, ex lege Quiritium, quis filium suum vindicare potest.* » Adde *L.* 2 *Cod. de Furtis.* Si le fils avoit été furtivement enlevé, le père avoit l'*actio furti, L.* 14, §. 13; *L.* 38; *L.* 80, §. 1, *ff. de Furtis.*

(*e*) *L.* 1, §. 2, *ff. de Reivindicatione,* §. 13, *Inst. de Actionibus.*

(*f*) L'interdit *de liberis exhibendis*, d. *L.* 1, §. 2, *ff. L.* 40, *ff. de Procuratoribus,* §. 1. *Inst. de Interdictis.* Cf. Huberi *Prælectiones* ad *ff. de Reivindicatione,* 6. Hoepfner, Commentaire sur les Instituts, §. 101, 5. Meieri *Collegium Argentoratense, de his qui sui vel al. Juris sunt,* 15. Le père pouvoit de même intenter l'*actio utilis de servo*

§. 43. J'ai observé plus haut (§. 36) que le droit romain ne considéroit l'enfant de famille que comme une personne identifiée avec son père. Ce principe étoit la source de beaucoup d'autres conséquences, sur lesquelles reposoit une partie essentielle de la puissance du père sur ses enfans; car il en résultoit pour lui,

V.) Le droit de diriger a son gré les actions de l'enfant. L'effet des actes de la vie civile d'un fils de famille dépendoit uniquement de l'intervention de son père; ses contrats ne produisoient pas une obligation de sa part si celui-ci n'y avoit pas consenti (*a*). Par suite de ce principe, un fils de famille ne pouvoit intenter aucune action, ni ester en justice, sans l'autorisation de son père (*b*). Cette règle ne recevoit d'exception que par rapport au pécule *castrense* et *quasi-castrense*, dont le fils avoit la libre disposition (*c*), ou lorsqu'il étoit cité par suite d'une condamnation rendue contre lui (*d*), ou s'il étoit accusé d'adultère (*e*), ou enfin s'il arguoit de faux un testament (*f*). Encore faut-il observer que l'obligation *naturelle* qui résultoit des contrats passés par un fils de famille sans le consentement du père, subsistoit toujours, et que l'exécution en pouvoit être demandée après la dissolution de la puissance paternelle (*g*); ce n'est que le *prêt d'argent*, défendu par le *SCte. Macédonien*, qui ne don-

---

corrupto, contre celui qui avoit débauché son fils. *L.* 14, *ff. de Servo corrupto.* Voet. ad ff. *de his qui sui vel al.* §. 3.

(*a*) Hoepfner, Comment. sur les Inst. §. 101.

(*b*) *L. ult. in fine proœm. Cod. de Bonis quæ liberis*, *L.* 1, §. ult. Cod. *de annali exceptione*, *Nov.* 97, *c.* 6, *vers. Sin autem.*

(*c*) *L.* 4, §. 1, *ff. de Castrensi peculio.*

(*d*) *L.* 3, §. 4. *de Minoribus.*

(*e*) *L.* 6, §. 2, *ff. ad leg. Jul. de Adulter.*

(*f*) *L.* 5, §. 5, *ff. de his quæ ut indignis.*

(*g*) Lauterbach, Collegium Pandectarum, *quod cum eo qui in aliena potestate;* §. 1. Stryck, de cautelis contractuum, S. I, c. 2, §. 28.

noit jamais une action contre le fils de famille, même après qu'il étoit devenu son maître.

Le consentement du père étoit encore nécessaire pour la *validité du mariage* d'un enfant (*a*), si bien qu'une simple ratification, intervenue après qu'il avoit été contracté, ne suffisoit pas pour le rendre légitime. (*b*)

§. 44. L'effet de la puissance du père sur ses enfans ne cessoit pas toujours par sa mort ; car il avoit,

VI.) LE DROIT DE LEUR DONNER UN TUTEUR PAR TESTAMENT, et de transmettre ainsi une partie de son autorité à la personne qu'il jugeoit la plus capable de le remplacer. Cette tutèle, déjà connue sous les rois (*c*), fut confirmée par les douze Tables (*d*), et conservée par la suite dans la législation romaine, parce qu'on la regardoit comme la plus favorable à un impubère, à cause de la sollicitude des pères pour leurs enfans. L'exhérédation n'y mettoit aucun obstacle, car elle étoit elle-même un effet de la puissance paternelle et ne la détruisoit pas (*e*).

§. 45. L'unité de la personne entre le père et l'enfant n'admettoit point une économie séparée de chacun d'eux. Sur ce principe se fondoit,

---

(*a*) *Pr. Inst. de Nuptiis.*

(*b*) *L.* 68 , *ff. de Jure dotium. L.* 13 , §. 6, *ff. ad legem Juliam, de adulteriis.* Commentator. græci ad l. 2 *de Ritu nuptiarum,* lib. 28. Basilic. Tit. 4. JACOB. GOTHOFRED. ad L. 152, §. 2, *de Reg. Juris.*

(*c*) LIVII *Histor. I,* 46.

(*d*) *Id. I,* 34. CICERO, *de Inventione, l. II, c.* 50; *id. ad Herennium, l. I, c.* 13. PAULUS, *in lege* 53, *ff. de verb. signif.* POMPONIUS, *in lege* 120, *ff. eod.* ULPIANI *Fragment. T. XI,* §. 14, *et Nov.* 22, *c.* 2. Voici le passage des douze Tables qu'ULPIEN rapporte : *PATERFAMILIAS UTI LEGASSIT SUPER PECUNIAE TUTELAEVE SUAE REI, ITA JUS ESTO.* Voyez, dans *EVERARDI OTTONIS Comment. ad Inst. de Tutelis,* §. 3 , les auteurs qui ont controversé sur ce passage.

(*e*) §. 3, *Inst. de Tutelis, l.* 4, *in princip. l.* 10, §. 2, *ff. de Testamentaria tutela.*

VII.) **Le droit d'acquérir par les enfans.** Originairement ceux-ci n'avoient aucune propriété ; tout ce qu'ils acquéroient appartenoit à leur père, et c'est sous ce rapport que beaucoup d'auteurs anciens comparoient avec raison leur condition à celle des esclaves (*a*). *Jules César*, voulant récompenser les guèrriers auxquels il devoit ses victoires, restreignit le premier la rigueur de ce droit, et, en permettant à tous les soldats de son armée, pères ou fils de famille, de disposer de leurs biens par testament (*b*), il accorda ainsi implicitement aux derniers le droit d'avoir une propriété dont eux seuls seroient les maîtres. Telle est l'époque à laquelle on fait remonter avec le plus de vraisemblance l'origine du pécule *castrense* (*c*). La loi 1, *ff. de testamento militis*, nous apprend cependant que ce n'étoit qu'une concession temporaire. Mais dans la suite les empereurs eurent un trop grand intérêt de nourrir dans la jeunesse le goût des armes, pour ne pas accorder la même faveur aux soldats qui combattoient pour eux ; et nous trouvons que non-seulement cette disposition fut maintenue sous *Claude* et *Néron* (*d*), mais que leurs successeurs lui donnèrent toujours plus d'étendue. Le pécule *castrense* étoit ainsi la première propriété qu'un enfant soumis à la puissance paternelle pouvoit avoir, et dont les lois lui accordoient la libre disposition. Ce pécule se composoit de

(*a*) Sext. Empiric. *Pyrrhonian. Compend. III*, 24. Seneca, *de Benefic. VIII*, 4. Dionys. Halic. *Ant. Rom. VIII* : « *Romanis filiis nihil proprii est vivis patribus, sed et* « *pecunias et corpora liberorum patribus ad eorum arbitrium tradidit lex Romuli.* » Suetonius, in *Tiberio, XV*.

(*b*) L. 1 , *ff. de Testamento militis.*

(*c*) Everardi Ottonis Comment. ad Inst. *Per quas personas cuique*, §. 1. Heineccii *Ant. Rom. eod. tit.* §. 2.

(*d*) Juvenalis *Satyr. ult. vers.* 52.

> . . . . « *Nam quæ sunt parta labore*
> « *Militiæ, placuit non esse in corpore census,*
> « *Omne tenet cujus regimen pater.* »

ce que les parens et amis d'un fils de famille lui avoient donné pour son équipement militaire, et de tout ce qu'il avoit acquis à l'occasion de ses campagnes (*a*). Par une extension équitable de cette loi, on appliqua le même privilège aux biens que les enfans acquéroient par l'exercice d'une science ou des arts libéraux (*b*), et qu'on comprenoit sous le nom de pécule *quasi - castrense.* Les empereurs *Constantin le Grand*, *Gratien*, *Valentinien*, *Théodose* et *Léon I*, allèrent encore plus loin, et restreignirent les droits du père sur les biens maternels du fils et sur ceux que sa femme lui apportoit en mariage, au simple usufruit, aussi long-temps que le fils restoit dans la puissance paternelle, et à la propriété du tiers seulement de ces biens, lorsque le fils avoit été émancipé (*c*). Justinien, enfin, se conformant davantage aux principes de l'équité et de la justice, assura aux enfans la propriété de tous leurs biens *adventifs* (c'est-à-dire de tous ceux qui ne provenoient pas du père, ou qui ne leur avoient pas été donnés en considération du père, et qui ne faisoient pas partie des pécules *castrense* ou *quasi-castrense*), et n'en laissa au père que l'usufruit, dont il lui réservoit la moitié après l'émancipation. Quant aux biens *profectifs* (c'est-à-dire ceux que le fils tenoit du père ou qui lui avoient été donnés en considération du père), il en gardoit la pleine propriété, et le fils n'en étoit que l'administrateur (*d*).

(*a*) Calvini *Lexicon juridicum, hac voce, l.* 2, *ff. de Castrensi peculio; l.* 1, *Cod. cod. Pr. Inst. Quibus non est permiss. facere testam.* Lauterbach, *Colleg. Pand. de Pecul.* §§. 5 et 6, *et de Castrens. pec.* §. 1.

(*b*) §. uit. Inst. *de Militar. test.* l. 14. Cod. *de Advocatis diversor. judicior.* Cicero, pro Muræna, c. 9. Valer. Maximus, 1. 8, c. 5. J. Gothofred. ad. *L.* 3. Cod. Theodos. *de Postulando.*

(*c*) *L.* 1 Cod. *de Bonis maternis; L.* 6, *Cod. Theodos.* eod. l. 1, 4, 5. *Cod. de Bonis quæ liberis.*

(*d*) *L.* 6, *Cod.* eod.

§. 46. Un autre effet des droits que les lois accordoient au père sur les biens de l'enfant, étoit

VIII.) Le droit de substituer pupillairement à un enfant qui étoit en sa puissance; c'est-à-dire, le père pouvoit faire un testament dans lequel il instituoit quelqu'un héritier de son enfant au cas que celui-ci décédât avant l'âge de puberté (*a*). Cette substitution se faisoit en vertu de la puissance paternelle, parce que le père ne substituoit pas seulement à son enfant pour les biens paternels, mais aussi pour tous les autres qu'il possédoit. Le père pouvoit substituer à l'impubère, quand même il ne lui laissoit rien de son côté ou qu'il l'exhérédoit. Dans ce dernier cas, ce n'étoit pas une véritable substitution, parce que le substitué ne succédoit alors qu'à l'impubère, et nullement au père qui avoit testé. Cette substitution pouvoit aussi avoir lieu à l'égard d'un posthume, et à l'égard de l'impubère qui étoit dans la puissance de son aïeul, sans pouvoir retomber dans celle de son père. Dans tous les cas, il étoit nécessaire, pour la validité de cette substitution, que l'impubère auquel on avoit substitué, fût encore dans la puissance paternelle au moment de son décès (*b*). *Ulpien* dit que cette manière de substituer fut introduite par l'usage, et il semble qu'elle étoit très-ancienne (*c*). Justinien l'a conservée dans son Code, et l'a même rendue applicable aux enfans *imbécilles* de tout âge, sous le nom de substitution *quasi-pupillaire* ou *exemplaire*. (*d*)

(*a*) *Pr. Inst. de Pupillari substitut. l.* 41 *, ff. de Vulgari et pup. subst.*

(*b*) *L.* 7, 14 *et* 41 *, §.* 2 *, ff. eod. §. ult. Inst. tit. cit.*

(*c*) *L.* 2, *pr. l.* 43 *pr. ff. eod.* La formule dont on se servoit pour substituer pupillairement, se trouve dans Caii *Inst. L. II, t.* 4, §. 2. « *Ille filius si intra pubertatem decesserit, illum ei substituo. Cf.* Schulting, *ad tit. cit. in Jurisprud. vet. ante-justinianea.*

(*d*) *L.* 9 *, Cod. de impuber et al. substitut.*

§. 47. Enfin le père avoit,

IX.) LA FACULTÉ D'EXHÉRÉDER SES ENFANS.

Sans examiner ici quels sont les droits naturels des enfans sur la succession de leurs père et mère, et quelles sont les causes qui autorisent ceux-ci à en exclure leurs enfans, il suffira d'observer que dans le droit romain, conformément au principe de l'unité de personne entre le père et ses enfans, ceux-ci étoient regardés de son vivant même comme co-propriétaires de ses biens, et qu'en conséquence la loi les rendoit *nécessairement* ses héritiers ; que ce n'étoit donc qu'en vertu d'un certain *droit* qu'ils pouvoient être exhérédés, et qu'ils ne doivent pas être mis sur la même ligne avec les autres héritiers *ab intestat*, dont le droit de succéder ne commençoit que du moment de l'ouverture de la succession et seulement en vertu des lois qui en régloient l'ordre, tandis que les enfans ne faisoient que prendre possession des biens qui leur appartenoient déjà. Il s'ensuit donc que l'exhérédation expresse ou tacite des enfans doit être regardée comme un effet de la *puissance paternelle*, et que c'est ici le lieu d'en parler, comme d'un droit qui y étoit attaché.

Les lois des douze Tables donnèrent au père la liberté la plus illimitée de disposer de ses biens (*a*). Il n'étoit pas obligé d'en laisser à ses enfans plus qu'à tout autre, et il pouvoit les exhéréder ou les passer sous silence dans son testament, sans qu'ils eussent aucun moyen de s'en plaindre. Ce droit étoit encore en vigueur du temps de Cicéron (*b*). Il fut modifié d'abord en ce que les fils de famille ne devoient plus être confondus avec les autres héritiers légitimes, qui étoient exclus de la succession par la seule existence d'un testament dans lequel ils n'étoient point institués héritiers ; mais la loi exigeoit que les enfans fussent ou

***

(*a*) Voyez le fragment cité plus haut, dans la seconde note du §. 43. *L.* 11, *in fine ff. de Liberis et posthum.*

(*b*) CICERO, *de Oratore*, *I,* 38.

institués ou exhérédés *nominativement* dans le testament de leur père, sans qu'il fût obligé cependant d'alléguer la cause de l'exhérédation (*a*). Quant aux filles et aux petits-enfans, la loi permettoit de les exhéréder *collectivement* (*b*). Mais les pères firent un abus si fréquent de ce pouvoir, en exhérédant souvent leurs enfans à l'instigation des femmes qu'ils avoient épousées en secondes nôces (*c*), qu'on sentit à la fin la nécessité de prévenir ces injustices en accordant aux fils injustement exhérédés la *plainte d'inofficiosité* contre le testament de leur père. Ces plaintes étoient jugées par les *Centumvirs* (*d*), qui rendoient leurs décisions conformément à l'équité, et sans que les lois eussent déterminé les cas dans lesquels il étoit permis ou non à un père d'exhéréder son enfant (*e*). Justinien enfin voulut qu'un père

---

(*a*) *Pr. Inst. de Liberis exheredand. L.* 3, *ff. de Liberis et posthum.*

(*b*) Ulpiani Fragment. XXII, 21 et sq.

(*c*) *Valerius Maxim. VII,* 7. *Heinecchi Antiq. Rom. de liberis exheredand.* §. 21.

(*d*) Voyez les causes qui étoient de l'attribution des Centumvirs, dans Brunquell, *Historia juris,* I, *c.* 8, *p.* 84.

(*e*) Il y a une controverse sur la véritable origine de l'usage qui admettoit la plainte d'inofficiosité. Cujas, dans ses Observat. II, 21, et XVII, 17, soutient qu'elle a été introduite par la loi Glicia, et il prétend prouver cette assertion par l'inscription de la loi 4, *ff. de Inofficios. testam.* Il sera assez difficile de retrouver aujourd'hui l'origine d'un droit dont Pomponius (l. 120 de *Verb. signif.*) avoit déjà perdu les traces. Il nous apprend toutefois que c'étoit par interprétation d'une autre loi que le pouvoir des pères d'exhéréder leurs enfans avoit été restreint (*coangustatum est interpretatione, vel legum, vel auctoritate jura constituentium*). Il n'y a rien de plus vraisemblable que l'opinion de ceux qui l'attribuent à l'interprétation de la loi qui défendoit à un furieux de faire un testament. Les anciens jurisconsultes, qui ne pouvoient attaquer un testament contenant une exhérédation par aucun autre moyen, feignoient que le père qui avoit exhérédé son enfant, avoit été *furieux,* et c'est sous ce prétexte qu'ils le faisoient infirmer. Bynkershoek, obs. II, 12, p. 153. Voyez aussi l'interprète des *Basiliques, XXXIX,* 1 ; *Heinecchi Antiquit. Rom. Quibus modis testamenta inf.* §. 5. Quoi qu'il en soit, il est suffisamment prouvé que la plainte d'inofficiosité étoit déjà connue sous le consulat de *C. Calpurnius Piso* (qui en étoit revêtu en 686 [A. de R.], 68 av. J. C. Voyez les fastes consulaires dans le Corps de droit de Denys Godefroid ;

n'exhérédât pas un enfant sans motif, et ordonna d'abord que, pour justifier l'exhérédation, il accusât chaque fois dans le testament le fils exhérédé d'ingratitude (*a*). Bientôt après il fixa des bornes encore plus étroites à ce pouvoir, en déterminant, dans la Novelle 115, les seules causes pour lesquelles il seroit permis à l'avenir à un père d'exhéréder son enfant (*b*). Dans tous les autres cas, le père ne pouvoit plus exclure entièrement son enfant de sa succession; il étoit obligé de lui laisser une *légitime* (*c*).

II) *Manières d'acquérir la puissance paternelle.*

§. 48. La puissance paternelle pouvoit être acquise, suivant le droit romain, de trois manières : 1.° par le mariage; 2.° par la légitimation; 3.° par l'adoption.

§. 49. I.) Par le mariage. Suivant la définition de Justinien, (*d*) *c'étoit l'union de l'homme et de la femme, contractée dans*

Lips. 1740), c'est-à-dire, lorsque Rome étoit encore une République. Cicero, *adv. Verrem I*, 42. Valer. Max. VII, 7, 5. Quintil. *Inst. IV*, 7. Plinii *Epistolæ, IV*, 8.

(*a*) L. 30 pr. *Cod. de inoff. test.*

(*b*) Je les énoncerai ici brièvement, afin de faire voir quelles étoient les bornes que Justinien mit au pouvoir des pères sous ce rapport. Un enfant pouvoit être exhérédé : 1.° et 2.° pour injures graves, soit verbales, soit par voies de fait ; 3.° s'il avoit attenté à la vie de ses parens ; 4.° et 5.° s'il avoit dénoncé ou accusé ses parens pour cause d'un crime capital ; 6.° et 7.° si le fils s'étoit associé à une bande de malfaiteurs ou mimes ; 8.° S'il avoit eu un commerce criminel avec sa belle-mère ou la concubine de son père ; 9.° et 10.° s'il s'étoit refusé de libérer ses père ou mère de la prison moyennant sa fidéjussion, ou de les racheter de la captivité chez les ennemis ; 11.° s'il avoit empéché ses père ou mère de tester ; 12.° si une fille s'étoit prostituée après avoir refusé un mariage que ses parens vouloient lui procurer ; 13.° si l'enfant n'avoit pas pris soin de ses père ou mère furieux ; 14.° s'il s'étoit fait hérétique.

(*c*) La légitime des enfans est fixée par la Novelle 18. Les vers suivans en indiquent la quotité :

Quatuor aut infra natis dant jura trientem;

Sed dant semissem liberis, si quinque vel ultra.

(*d*) §. 1. *Inst. de Patria potest.*

la vue de former une société indissoluble. Ainsi le droit romain ne regardoit pas la procréation des enfans comme le *but* de cette union, mais seulement comme un *effet accidentel,* auquel étoient attachés certains droits et certaines obligations. Les effets civils d'un mariage dépendoient de trois conditions (*a*).

1.º Il devoit être contracté entre deux personnes jouissant des prérogatives attachées à la qualité de citoyen romain.

2.º L'une et l'autre devoient avoir atteint l'âge de la puberté, c'est-à-dire, l'homme quinze, la femme treize ans.

3.º Ceux qui étoient dans la puissance de leur père, devoient obtenir son consentement.

Il y avoit en outre des empêchemens particuliers au mariage, puisés dans les rapports civils et naturels qui pouvoient exister entre les deux personnes qui vouloient se marier (Proximité de parenté ou d'affinité — adultère — tutèle, etc.). Le défaut de ces conditions générales, ou l'existence de quelque empêchement particulier, rendoit le mariage *nul* (*b*), et privoit le père de la puissance paternelle sur les enfans issus de ce mariage. Il n'exerçoit non plus cette autorité sur les enfans qu'il avoit d'une *concubine,* c'est-à-dire d'une femme qui vivoit avec un homme non marié dans une union, qui n'étoit pas prohibée par les lois, mais qui ne donnoit pas à la femme les droits d'une épouse légitime (*c*).

§. 5o. II.) Par la légitimation. Les enfans nés d'une union qui n'étoit pas reconnue par la loi comme un mariage légitime, étoient appelés *illégitimes.* On les distinguoit en, 1.º *naturels,* qui étoient nés d'une concubine; 2.º *spurii,* dont le père étoit inconnu, ou en général ceux nés d'une union illicite (*d*); 3.º *vulgo quæsiti,*

(*a*) Pr. *Inst. de Nuptiis.* Everard. Ottonis *comment. ad Instit.* eod.

(*b*) *Nec vir, nec uxor, nec nuptiæ, nec matrimonium, nec dos intelligitur.* §. 12, *Inst. de Nuptiis.*

(*c*) *L. ult. ff. de divort. L.* 121 *ff. de Verbor. obligat.*

(*d*) On les désignoit anciennement par ces deux lettres S. P., qui vouloient dire

ceux nés d'une personne prostituée ; 4.º *adultérins*, qui étoient le fruit d'un adultère ; et 5.º *incestueux*, ceux nés de personnes entre lesquelles le mariage étoit prohibé pour raison de parenté ou affinité. Aucun enfant illégitime n'étoit soumis à la puissance paternelle ; son père ne pouvoit acquérir ce droit sur lui que par la *légitimation*, c'est-à-dire par un acte en vertu duquel on attribuoit à un enfant illégitime les droits de ceux qui étoient nés d'un mariage légitime. On ne pouvoit légitimer que les enfans qu'on avoit d'une concubine, parce que c'étoient les seuls qui ne devoient pas leur existence à une action illicite ; car, la légitimation assurant des avantages au père et à l'enfant, la loi ne vouloit les accorder que dans les cas où l'on n'étoit pas contrevenu à ses dispositions (*a*).

1.º *Légitimation par mariage subséquent.*

§. 51. Avant Constantin le Grand, il n'y avoit d'autre moyen de soumettre un enfant illégitime à la puissance paternelle que l'arrogation. Cet empereur, voulant détruire le concubinage, qui est contraire aux préceptes de la religion chrétienne , offrit un moyen facile à ceux qui vivoient dans une telle union de soumettre à leur puissance les enfans qui étoient le fruit de leur concubinage, en les déclarant légitimes dans le cas ou le père épouseroit sa concubine. Constantin, en introduisant ainsi la légitimation par *mariage subséquent*, n'avoit point en vue d'étendre ce bénéfice à ceux qui dans la suite encore prendroient des concubines. Mais cette mesure n'ayant pas généralement détruit le concubinage, Justinien conserva cette disposition, et l'étendit à tous

---

sine patre. Voyez-en un exemple dans Gruteri Inscriptiones, p. 434 , 4. Les prénoms ne s'écrivoient jamais que par les deux premières lettres, et comme il y avoit aussi un prénom , *Spurius* (qui par conséquent étoit designé par Sp.), on les a appelés dans la suite *Spurii.* Voy. Heineccii Antiquit. L. I, T. 10, §. 19. La loi 23 *ff. de statu hominum* cependant dérive ce nom du mot grec σπορά, *semen.*

(*a*) Huberi Prælect. ad *Inst. de Nuptiis et legitim.* p. 28.

ceux qui à l'avenir épouseroient leurs concubines (*a*). Cette
légitimation pouvoit aussi avoir lieu à l'égard des descendans
d'un enfant illégitime, quand celui-ci étoit mort avant le mariage de ses père et mère (*b*). Deux conditions étoient requises
pour la rendre valide. Il falloit, 1.° que les pactions matrimoniales
fussent rédigées par écrit, et 2.° que le consentement de celui qui
devoit être légitimé y intervînt; car, en acquérant les droits d'un enfant légitime, il changeoit aussi d'état et perdoit beaucoup de sa liberté (*c*). Ce consentement étoit également requis dans les autres
espèces de légitimations dont il sera question ci-après.

2.° Légitimation per oblationem curiæ.

§. 52. Ce mode de légitimer un enfant fut introduit par *Théodose le
jeune.* Les fonctions de *décurion*, c'est-à-dire d'officier de police et
receveur des contributions dans les villes appelées *municipia* (qui ne
jouissoient que de quelques-unes des prérogatives des droits de
cité), étoient si onéreuses que personne ne vouloit plus s'en charger. On songea donc aux moyens d'engager, par toutes sortes
d'avantages, les citoyens à se dévouer à ce pénible emploi. L'empereur Théodose crut que ce seroit un motif pour décider
des pères qui avoient des enfans illégitimes à les destiner à cet
état, que de leur donner la faculté de légitimer ainsi leurs enfans
et de les soumettre par conséquent à leur puissance (*d*). Cette
légitimation avoit lieu dans trois cas : 1.° si le père faisoit ins-
crire son fils dans l'ordre des décurions de la ville où il avoit
pris naissance ; 2.° si l'enfant illégitime s'y engageoit de son propre mouvement, et 3.° si une fille naturelle se marioit à un dé-

---

(*a*) §. *ult. Inst. de Nuptiis. Nov.* 89, c. 7 et seq.

(*b*) *L.* 5. *ff. de Gradibus et affinib.*

(*c*) *Nov.* 89, c. 11.

(*d*) *L.* 3. *Cod. de Natural. liber. L.* 3, §. 1, *ff. de Decurionib. L.* 55 *Cod. eod.*
Merillius, L. VIII, obs. c. 26.

curion. Ce mode de légitimation a été entièrement conservé par Justinien (*a*).

3.° *Légitimation par lettres du prince* (per rescriptum principis).

§. 53. Elle fut introduite par Justinien (*b*). Pour l'obtenir, il falloit, 1.° que le père se trouvât dans l'impossibilité d'épouser sa concubine, soit qu'elle fût morte, ou mariée à un autre, ou qu'elle refusât de contracter mariage ; 2.° que le père n'eût point d'enfans légitimes ; 3.° qu'il s'adressât directement au prince.

Justinien ajouta encore celle par *testament confirmé par le prince* (*c*). Mais comme elle ne tendoit point à donner les droits de la puissance paternelle , et qu'elle n'avoit lieu qu'après la mort du père , ce n'est pas ici le lieu d'en parler.

§. 54. III.) PAR L'ADOPTION. C'étoit en général un acte solennel (*actus legitimus*), par lequel on transféroit les droits et les obligations d'un enfant de famille sur quelqu'un qui ne l'étoit pas par sa naissance. Elle étoit très-fréquente à Rome , parce qu'un citoyen romain attachoit une grande importance à la conservation de son nom, et parce qu'on réparoit par ce moyen les torts qui résultoient du défaut de postérité (*d*). On distinguoit l'adoption en celle *proprement ainsi nommée*, et *l'arrogation*. Par la première on adoptoit des enfans de famille qui, sans changer d'état, passoient de la puissance d'un père dans celle d'un autre. *L'arrogation* avoit lieu lorsqu'on adoptoit un homme qui étoit son maître (*sui juris*, quelquefois lui-même déjà père de famille), et qui par conséquent perdoit sa première condition (*e*).

§. 55. 1.° *L'arrogation* étoit le plus ancien mode d'adopter quelqu'un : elle ne se faisoit que dans les comices (*comitiis*

(*a*) *Nov.* 89 , c. 2.

(*b*) *Nov.* 74 , c. 2 ; et 89 , c. 9.

(*c*) *Nov.* 74 , c. 2 ; et 89 , cap. 10.

(*d*) HEINECCII Antiq. R. *de adoptionib.* §§. 1 et 2.

(*e*) ULPIANI Fragm. VIII , 1 et seq.

curiatis), et du consentement du peuple, parce qu'il s'agissoit dans cet acte de l'état d'un citoyen romain, c'est-à-dire d'une affaire qui étoit regardée comme majeure et qui ne pouvoit être réglée que par la volonté du peuple assemblé (*a*). Les questions qui étoient proposées à l'adoptant et au fils adoptif, se faisoient par le *pontife*, qui devoit examiner s'il n'existoit aucun empêchement légitime à cet acte. Après que le fils adoptif avoit répondu affirmativement à une interrogation solennelle qu'on lui faisoit pour connoître sa volonté, on interrogeoit aussi solennellement le peuple, par le consentement duquel l'arrogation devenoit *parfaite* (*b*). Cet acte, en soumettant le fils adoptif à la puissance paternelle de l'adoptant, lui assuroit aussi tous les droits d'un enfant légitime issu de cette famille ; et c'est en considération de la solennité de cette cérémonie et des effets importans qu'elle produisoit, que la loi ne la permettoit que sous les conditions suivantes.

Pour pouvoir *adopter* par arrogation,

1) Il falloit être citoyen romain, car eux seuls pouvoient paroître dans les comices ; les étrangers, les sourds et muets, les femmes, en étoient exclus.

2) Il falloit être marié ou l'avoir été ; car on ne vouloit pas favoriser par ce moyen le célibat, mais consoler ceux qui de leur mariage n'avoient pas eu d'enfans ou les avoient perdus (*c*).

(*a*) La Table IX du Code décemviral portoit : *de capite civis nisi per maximum comitiatum ne ferunto.* Cic. de legib. 3. C'est de cette solennité que cette manière d'adopter tiroit son nom, *a rogatione ad populum lata.*

(*b*) Les formules de l'une et de l'autre de ces arrogations nous ont été conservées par Cicéron et Aulu-Gelle. La première étoit ainsi conçue : Auctorae es, ut in te P. Fontejus vitæ necisque potestatem habeat, ut in filio ? Cicero, pro Domo, XXIX. L'autre se trouve in Gellii Noct. Att. V, 19. Velitis, jubeatis, Quirites, uti L. Valerius L. Titio tam jure legeque filius sibi siet, quam si ex eo patre matreque familias ejus natus esset, utique ei vitæ necisque in eo potestas siet : hæc ita uti dixi, ita vos, Quirites, rogo.

(*c*) Cicero, pro Domo, C. XIII. *L.* 15, §. 2, *ff. de Adoptionib.*

3) Il falloit n'avoir pas d'enfant légitime, et être âgé de soixante ans; car jusqu'à cet âge on pouvoit encore espérer de devenir père (*a*).

4) Il falloit au moins avoir atteint l'âge de la pleine puberté avant la naissance de celui qu'on vouloit adopter; car il auroit été absurde que quelqu'un du même âge ou plus jeune qu'un autre eût voulu l'adopter (*b*).

Pour pouvoir *être adopté* par arrogation, il falloit qu'on ne fût ni pupille, ni sourd ou muet, ni étranger; car un pupille ne pouvoit valablement déclarer sa volonté, et les autres, ainsi que les femmes, n'avoient pas le droit d'assister aux comices (*c*).

L'arrogation ne pouvoit se faire qu'à Rome, car ce n'étoit que dans cette ville que se tenoient ces assemblées (*d*).

L'usage de l'arrogation s'est maintenu très-long-temps à Rome sous sa première forme; car nous savons que *Néron* fut adopté de cette manière (*e*), et *Galba* en parloit encore comme d'une manière d'adopter usitée parmi les particuliers (*f*) : mais peu à peu les empereurs, en leur qualité de pontifes souverains, s'arrogèrent seuls le droit de la confirmer, et dès-lors elle ne se faisoit plus dans les comices. Antonin Pieux y apporta un changement, en ce qu'il la permit également à l'égard des pupilles sous certaines précautions, et bientôt on l'étendit aussi aux femmes (*g*); Justinien la laissa subsister telle qu'elle s'étoit pratiquée jusqu'à son règne (*h*).

(*a*) *D. L.* 15 *ff.* eod.

(*b*) *L.* 40, §. 1, *ff.* eod.

(*c*) GELLII Noct. Att. V, 19.

(*d*) ULPIANI Fragm. VIII, 4. LIVIUS, V, 52.

(*e*) TACITI Annal. XII, 25.

(*f*) Id. Histor. I, 15. « *Si te privatus lege curiata apud pontifices, ut moris est, adoptarem.* »

(*g*) ULPIAN. Fragm. VIII, 5.

(*h*) §. 3, *Inst. L.* 17 et seq. *ff. L.* 2 *Cod. de Adoptionib.*

§. 56. 2.° *L'adoption proprement ainsi nommée* fut introduite pour étendre les avantages de l'arrogation aux enfans de famille de tout âge et de tout sexe, et pour donner aussi la faculté d'adopter à ceux qui avoient moins de soixante ans (*a*). Elle est bien postérieure à l'arrogation ; cependant il semble être prouvé qu'elle avoit déjà lieu dans les derniers temps de la république (*b*). Elle se faisoit par l'autorité du préteur ou de tout autre magistrat devant lequel on pouvoit passer un acte légitime (*actum legitimum*), car elle dépendoit également de certaines formalités solennelles (*c*). On feignoit que l'enfant qui devoit être adopté, étoit vendu par son père à l'adoptant, et comme la puissance paternelle ne s'éteignoit que lorsque le père avoit trois fois vendu un enfant, on répétoit aussi trois fois cette vente fictive. Elle devoit se faire en présence du fils adoptif, de cinq témoins, d'un *libripens* (qui pesoit l'argent) et d'un *antestatus* (*d*). Le père naturel présentoit l'enfant à l'adoptant et déclaroit qu'il le lui abandonnoit; celui-ci, saisissant l'enfant, répondoit qu'il l'acceptoit à tel prix, et jetoit une pièce d'argent dans la balance (*e*). On n'exigeoit dans cette adoption que le consentement *tacite* du fils adoptif (*f*). A ces différences près, les conditions et les effets en étoient originairement les mêmes que ceux de l'arrogation. Mais Justinien,

---

(*a*) Caji *Inst.* I, 5, 2. Gellius, l. c. V, 19.

(*b*) Cicero, de Finibus, I, 7. Valer. Maxim. VII, 7, 2. Dio Cassius, XXXIX, p. 98.

(*c*) Ulpiani Fragm. VIII, 1. *L.* 4 *ff. de Adoptionib.* Aul. Gell. l. c. V, 19.

(*d*) C'étoit un témoin de plus, qui convoquoit les autres, et dont la fonction étoit de rendre les autres attentifs à ce qui constituoit l'essence de l'acte qu'ils devoient attester. Voy. Heinecc. Antiq I, 12 , 7.

(*e*) Les formules étoient les suivantes : Mancupo tibi hunc filium, qui meus est. La réponse étoit : Hunc ego hominem jure Quiritium meum esse ajo, isque mihi emtus est hoc ære hac æneaque libra. Cajus, apud Boeth. Comment. in Ciceron. Topic. III. Schulting, Jurisprud. vetus, p. 54. Aul. Gell. Noct. Attic. V. 19. Suetonius, in Augusto , 64.

(*f*) *L.* 5 *ff. de Adoptionib.*

en laissant subsister celle-ci, telle qu'elle se pratiquoit de son temps, changea entièrement la nature de l'adoption proprement dite, en la distinguant en *parfaite* et *imparfaite* (*plena et minus plena*). Par la première un ascendant adoptoit un de ses descendans qui n'étoit pas dans sa puissance : cet acte produisoit l'effet ordinaire de l'adoption, si l'enfant restoit dans la puissance de l'adoptant; s'il l'émancipoit au contraire, l'enfant retomboit dans celle de son père naturel. L'adoption *imparfaite* avoit lieu lorsque l'enfant étoit adopté par tout autre qu'un ascendant. Dans ce cas le père naturel ne perdoit pas même son pouvoir sur l'enfant, et elle ne produisoit d'autre effet que de faire succéder celui-ci à l'adoptant (*a*). A dire vrai, il n'y avoit plus sous Justinien d'autre adoption qui donnât la puissance paternelle sur un étranger, que l'arrogation.

III) *Des causes qui faisoient cesser la puissance paternelle.*

§. 57. **La puissance paternelle n'étant point fondée, dans le droit romain, sur l'éducation d'un enfant, l'***âge*** de celui-ci n'étoit jamais une raison pour la dissoudre** (*b*); **il en étoit de même du** *mariage*, **qui, bien loin d'affranchir un enfant de l'autorité du père, l'étendoit même sur les petits-enfans** (*c*). **Il falloit donc d'autres causes pour la faire cesser. Elles dérivoient, ou de la** *volonté* **du père, ou de quelque autre circonstance qui terminoit** *nécessairement* **son pouvoir. On peut donc les distinguer en** *causes volontaires et nécessaires.*

(*a*) §. 2. *Inst.* eod. *L.* 10. *Cod.* eod.

(*b*) D*ionys.* H*alicarn.* II , p. 96.

(*c*) *L.* 21 *ff.* ad *Leg. Juliam*, *de Adulteriis.* M*eieri* Collegium Argentoratense, *de his qui sui vel al. juris*, §. 22. H*uberi* prælectiones ad *Inst. Quib. mod. jus patriæ pot. solv.* §. I. V*oet*, ad *ff.* tit. cit. §. 3.

§. 58. I.) Les causes *volontaires* qui faisoient cesser la puissance paternelle, étoient l'*émancipation* et l'*adoption*.

§. 59. 1.° L'ÉMANCIPATION étoit un acte authentique par lequel le père déclaroit qu'il affranchissoit son enfant de sa puissance. Cette définition cependant n'est guère applicable à l'émancipation considérée dans sa nature primitive ; car alors elle n'étoit que le *prétexte* dont on se servoit pour affranchir un enfant de la puissance paternelle, et le père, loin de faire une telle déclaration, n'usoit de son pouvoir que pour vendre son enfant comme esclave. Cette vente étoit une fiction, comme celle qui avoit lieu pour l'adoption (§. 55) ; elle se faisoit en présence des mêmes personnes, devant le même magistrat et avec les mêmes formalités que l'autre ; elle devoit aussi être trois fois répétée : ces trois ventes cependant ne devoient pas se faire nécessairement le même jour et devant les mêmes témoins, mais elles pouvoient se faire successivement, à trois différentes époques (*a*). L'acheteur, au lieu de rendre au fils la liberté pour la troisième fois, le revendoit comme esclave au père, afin que celui-ci, en l'affranchissant derechef, conservât encore sur lui le droit de *patronage* (*b*). On faisoit ainsi beaucoup de détours pour arriver à un but bien

(*a*) Pauli Recept. sentent. II, 25, 2.

(*b*) Pour cette raison la formule de la dernière vente différoit des précédentes; elle étoit ainsi conçue : Ego vero hunc filium meum tibi mancupo, ea conditione ut mihi remancupes, ut inter bonos bene acier oportet, te propter te tuamque fidem frauder. Cicero, de offic. III, 15; ad familiar. epist. VII, 12. Sigonius de Judic. I, 5. On remarquera facilement que c'est de ces ventes *Mancupations*, *Mancipations*, que dérive le nom d'Émancipation, c'est-à-dire, un acte par lequel un enfant n'est plus sujet à être vendu. On appeloit souvent aussi cet acte *Manumission*, à cause des divers affranchissemens qui y avoient lieu. Voy. Barnab. Brisson, de Verbor. signific. Gronov. ad Senec. epist. 45, p. 27. On trouve le détail des formalités relatives à l'émancipation dans Theophili Paraphras. Instit. *Quib. mod. Jus pat. p. solv.* §. 6, et Heineccii Antiq. Rom. eod. tit. §. 6 et seq. Caji *Instit.* I, 6, 3. Dans l'émancipation des filles et des petits-enfans une seule vente suffisoit : §. 6 *Instit.* l. c. Cajus, l. c. Ulpian. Fragm. X, 1.

simple. C'étoit un défaut de la législation, qui n'avoit pas prévu le cas où le père voudroit affranchir son fils de sa puissance, et qui, ayant attaché la validité de tous les actes de la vie civile à des formalités qu'on devoit strictement observer, n'en avoit fixé aucune pour ce cas particulier, de manière qu'il falloit recourir à des fictions. On ne s'expliquera la longue durée d'un usage aussi compliqué, que par le grand attachement des Romains à leurs anciennes mœurs, et par la facilité qu'une pratique peu rigoureuse avoit apportée à l'observation de ces formalités. Ce ne fut que l'empereur *Anastase* qui, pour dispenser les pères de suivre cette marche embarrassante, introduisit une nouvelle manière d'émanciper un enfant au moyen d'un rescrit du prince. Elle n'exigeoit d'autre formalité que l'insinuation du rescrit dans les registres de la jurisdiction à laquelle le père étoit soumis. Cette manière d'émanciper fut appelée, du nom de son auteur, émancipation *anastasienne* (*a*). Justinien, enfin, voulant conserver l'un et l'autre de ces modes d'émancipation, dégagea le premier de toutes les formalités inutiles, et permit que dorénavant cet acte pourroit se faire en s'adressant simplement au juge, et en déclarant, devant lui et en présence de l'enfant, que celui-ci étoit délivré de la puissance paternelle (*b*).

§. 6o. Dans la règle, l'émancipation étoit un acte volontaire, et un enfant ne pouvoit obliger son père à l'émanciper (*c*). Cependant il y avoit des cas d'exception, dont il sera question parmi les causes nécessaires qui faisoient perdre la puissance paternelle. D'un autre côté, le père ne pouvoit émanciper un enfant sans son consentement, parce que celui-ci perdoit par ce

---

(*a*) L. 5, *Cod.* de *Emancipat. liberor.*

(*b*) *Nov.* 81 , c. 1 , *L. ult. Cod.* eod. Le père n'y prononçoit d'autre formule que celle-ci : *Hunc sui juris esse patior , meaque manu mitto.* Harmenopul. Promptuar. *Jur.* I, 17, 8.

(*c*) §. ult. *Inst. Quibus mod. jus pat.* L. 4. *Cod.* de *Emancipat.*

changement d'état les droits d'un *héritier sien ;* c'est-à-dire, il n'acquéroit plus la succession de son père, *ipso jure*, mais par l'*adition* seulement (*a*). Par l'ancienne émancipation un enfant perdoit même tous ses droits à la succession paternelle, ainsi que par l'émancipation anastasienne, à moins que le père n'eût demandé le contraire (*b*). Néanmoins le droit d'émanciper un enfant, même contre sa volonté, appartenoit toujours au père adoptif (*c*), et au père naturel, lorsque l'enfant s'étoit rendu coupable de délits qui donnoient lieu à l'exhérédation (*d*).

§. 61. 2.° L'ADOPTION. Il a été observé plus haut (§. 55) que l'adoption d'un impubère, suivant le droit Justinien, ne transféroit plus la puissance paternelle sur l'adoptant que dans le cas de l'adoption parfaite ; et la puissance paternelle ne pouvoit donc finir pour cette cause que dans le cas de l'adoption d'un descendant par un ascendant (*e*).

§. 62. II) Les causes qui terminoient nécessairement la puissance paternelle, étoient les suivantes : *la mort naturelle ou civile du père ou du fils ;* plusieurs *dignités* dont le fils pouvoit être revêtu, et les cas dans lesquels le père étoit *obligé d'émanciper* un enfant ou dans lesquels la puissance paternelle *cessoit de droit.*

§. 63. 1.° *La mort naturelle ;* il n'y a d'autre observation à faire à cet égard, si ce n'est que la mort de celui qui exerçoit les droits de la puissance paternelle, ne rendoit pas toujours l'individu qui y étoit soumis, *son maître (sui juris) ;* attendu que les petits-enfans, qui étoient dans la puissance de leur aïeul, tomboient à sa mort dans celle de leur père (*f*).

(*a*) *Nov.* 89, c. 11, proœm. *Nov.* 118, c. 1.

(*b*) *L.* 11 *Cod. de legit. hered.*

(*c*) *L.* 10 pr. *Cod. de Adoptionib.*

(*d*) *L.* 6. *Cod. de Pat. pot.* CUJACII lib. XIX, obs. ult. HOTOMAN, de Verb. int., voce *Abdicatio.* EVERARDI OTTONIS Comment. in *Inst. Quib. modis jus p. p.* §. 9 (3).

(*e*) §. 8. *Inst. Quib. mod. jus p. p.* ibique THEOPHILUS.

(*f*) §. 1. *Inst. Quib. mod. jus p. p. solv.* CAJI *Inst.* I, 6 princ.

§. 64. 2.° *La mort civile* du père ou du fils. Elle étoit la suite du *grand et moyen changement d'état* (*capitis deminutionis maximæ et mediæ*, (*a*). Le premier entraînoit la perte du droit de citoyen romain ; l'autre, la perte du droit de citoyen seulement : il s'ensuit que la condamnation du père à l'*exil* (qui le privoit du droit de citoyen), ou à la peine des *travaux dans les mines* (qui rendoit le condamné esclave et le privoit aussi de sa liberté), devoit faire cesser la puissance paternelle, parce qu'elle n'appartenoit qu'aux citoyens romains. Les mêmes condamnations, prononcées contre le fils, rendoient impossible l'exercice de la puissance paternelle à son égard. Cependant il faut observer qu'elle pouvoit revivre lorsque le père ou le fils, condamnés à une peine emportant la mort civile, étoient *réhabilités* par une grâce particulière du prince (*b*). On doit bien distinguer l'exil de la *rélégation :* celle-ci n'obligeoit le condamné qu'à se retirer dans un lieu désigné, et ne préjudicioit en rien à son droit de cité, ni à sa réputation, ni à ses biens (*c*); tandis que la condamnation à l'exil étoit toujours accompagnée de l'*interdiction de l'eau et du feu*, ensorte que le condamné étoit obligé de se réfugier hors du territoire de l'empire. Le fils étoit obligé de suivre son père dans le lieu de sa rélégation, et au cas qu'il fût lui-même relégué, il n'étoit point pour cette raison affranchi de la puissance paternelle (*d*).

§. 65. 3.° Cette dernière cessoit aussi lorsque le fils étoit revêtu de *certaines dignités*. Anciennement les plus grands hon-

---

(*a*) §. 1 et 3 *Instit. Quib. mod. jus p. p. solv.* L. 63 , §. fin. *ff. Pro socio.* §. 1 et 2 *Inst. de Capitis deminutione.*

(*b*) §. 1. *Inst. Quib. mod. jus p. p.* Pauli recept. sent. IV, 8 , §. 5. *L.* 6 et 9 *Cod. de sentent. passis.*

(*c*) Comme le prouve l'exemple d'Ovide, Trist. Eleg. 11 , vers 21. Everard. Otto Comment. in *Inst.* l. c. ad §. 2.

(*d*) §. 2 *Inst.* l. c.

neurs, les premières dignités, ne pouvoient affranchir un fils de la soumission à la puissance paternelle. Elle n'étoit que momentanément suspendue pendant l'exercice de ces fonctions, et le père reprenoit toute son autorité sur le fils dans l'intérieur de sa famille (*a*). Justinien cependant jugea qu'il étoit plus conforme au respect dû à certaines grandes dignités, que celui qui en étoit décoré fût aussi affranchi du pouvoir paternel, sans rien perdre néanmoins des droits que lui avoit donnés sa qualité de fils de famille (*b*). Les dignités auxquelles il attacha cette prérogative, étoient les suivantes : le *patriciat* (*c*), l'*épiscopat*, le *consulat*, la charge de *préfet du prétoire*, de *préfet de la ville*, de *magister militum*, de *procureur fiscal* (*patronus fisci*), et en général toutes les dignités qui affranchissoient de la charge de décurion (*d*).

§. 66. 4.º Dans les cas où le père étoit *forcé d'émanciper* un enfant : ce qui avoit lieu,

1) S'il l'avoit maltraité (*e*);

2) S'il avoit accepté une donation faite sous la condition de l'émancipation de l'enfant (*f*);

3) S'il avoit adopté par *arrogation* un impubère qui, parvenu à l'âge de la puberté, s'en étoit repenti (*g*).

(*a*) Dionys. Halic. Ant. R. II, c. 27, §. 4. *Inst. Quib. mod. jus patr. p.*

(*b*) §. 4. *Inst.* cit. *Nov.* 81 , c. 2.

(*c*) §. 4 cit. *L. fin. Cod. de Consulib.* On ne doit point entendre par cette dénomination l'ancienne qualité de Patricien , mais la dignité créée par Constantin le Grand, et à laquelle il donna ce nom. On peut consulter là-dessus Octavian. Gentilius , *de Patriciorum origine , varietate , præstantia et juribus, L. II*, c. 1. Curtius, *de Senatu Romano*, L. IV, c. 6, §. 93.

(*d*) *Nov.* 81 , c. 2.

(*e*) L. fin. *ff. si a parent. quis manumiss.*

(*f*) L. 1 , §. 3 , *ff.* eod.

(*g*) L. 32 et 33 , *ff. de Adopt.* Lauterbach, *Collegium Pand. de Adopt. et emancipat.* §. 29.

§. 67. 5.° **La puissance paternelle cessoit** *de droit*,

1) Lorsque le père avoit *prostitué* sa fille (*a*);

2) Lorsqu'il avoit *exposé* son enfant (*b*);

3) Lorsqu'en contractant un second mariage, il s'étoit rendu coupable d'*inceste* (*c*).

RÉFLEXIONS GÉNÉRALES

Sur cette partie de la législation romaine

§. 68. Avant de quitter le détail de cette législation, si compliquée, sur une matière très-simple en elle-même, dont je n'ai exposé que très-superficiellement les principes, arrêtons-nous encore un instant pour jeter un coup d'œil général sur le labyrinthe dont nous sommes sortis, et considérons les avantages et les inconvéniens d'une institution qui, aujourd'hui, ne nous intéresse plus que sous le rapport historique et comme une antiquité du droit. Les premiers législateurs de Rome devoient sentir la nécessité de contenir la fougue d'un peuple barbare et grossier, en multipliant les moyens de le surveiller. Ils devoient choisir, pour parvenir à cette fin, le moyen d'établir une magistrature dans chaque famille, en confiant à son chef le pouvoir d'un juge souverain dont les arrêts seroient exécutés sans appel. Par ce moyen ils inspiroient en même temps aux pères de famille le sentiment de la dignité de leur état, et se les attachoient par les liens les plus puissans.

Mais cette institution, quelque bonne qu'elle fût pour un état naissant, dont la population étoit si peu nombreuse que tous les chefs de famille pouvoient délibérer en commun sur une place publique, devint vicieuse dès que l'état eut pris plus de con-

---

(*a*) L. 12, *Cod. de Episcopali audientia.*

(*b*) L. 2, *Cod. de Infant. exposit. Nov.* 153 , c. 1.

(*c*) *Nov.* 12, c. 2.

sistance, et dès qu'il exista des lois et une force publique. Dans un grand corps politique, les rapports entre les hommes doivent être aussi multipliés que possible, et ce pouvoir absolu du père confinoit trop les enfans dans le cercle étroit de la domesticité. L'esprit de famille est un esprit minutieux et de détail qui ne mène point à la considération du bien général, et son influence est telle que les animosités domestiques deviennent communes à tous les membres de la famille, qui seront toujours portés à faire envisager leurs discordes et leurs haines comme étroitement liées à l'intérêt public. Les vertus sociales, qui résultent de l'union intérieure des familles, sont le fruit de la bonne éducation et des bons principes qu'on donne aux enfans, et non d'un pouvoir illimité, qui se prolonge jusqu'à un âge où la nature les a destinés à devenir eux-mêmes chefs de maison. Le père de famille auroit pu conserver, comme magistrat domestique, le caractère d'une personne sacrée, que le législateur vouloit lui imprimer originairement, sans retenir le pouvoir arbitraire en vertu duquel il punissoit à son gré un enfant en ne suivant d'autres lois que celles de son caprice. C'est à tort qu'on a soutenu (a) que le glaive de la justice est mieux placé dans les mains du père que dans celles des magistrats, puisque dans le premier l'amour paternel balançoit la sévérité du juge. Mais y a-t-il rien de plus dangereux que la passion dans un juge? Ne peut-elle pas aveugler l'homme le plus juste, au point de méconnoître tous les principes du droit? Quel malheur si un père irrité (pour des causes légitimes peut-être) saisit l'instant de sa colère pour juger son enfant, pour prononcer contre lui une sentence dont les suites sont irréparables! Ne s'en repentira-t-il pas le plus souvent lui-même, lorsqu'après des réflexions plus calmes il se

---

(a) M. Nougarède (Essai sur l'histoire de la puissance paternelle, p. 67 et suiv. Paris, 1801), qui est du nombre des panégyristes de la puissance paternelle romaine.

sera convaincu que son fils n'avoit commis qu'une faute et non un crime ? et quel doit être son désespoir lorsque, voulant pardonner à son enfant, il ne peut plus le rappeler à la vie ! Il suffira d'ailleurs de considérer que le père sera presque toujours juge dans sa propre cause, pour condamner tout autre pouvoir que celui de discipline et de correction.

On répond que les exemples de l'abus du pouvoir paternel sont rares dans l'histoire romaine avant la corruption des mœurs. Mais quel historien auroit eu de l'intérêt à tracer le tableau des tyrannies domestiques ? L'histoire ne s'occupe d'événemens privés qu'autant qu'ils ont eu une influence marquée sur les événemens politiques, et lorsqu'on connoît les passions des hommes et la tendance qu'ils ont à abuser d'un pouvoir qui leur est confié, on devinera aisément ce qui n'a pu nous être transmis par les annales de ces temps reculés.

On parle beaucoup des résultats que la puissance paternelle a produits à Rome. On attribue à elle seule le dévouement sans bornes que les pères de famille montroient à la république, et on va jusqu'à la regarder comme la seule source de ce patriotisme sublime dont tant d'exemples illustrent les fastes de ce peuple. Mais qu'on ne se trompe point sur les véritables causes qui ont entretenu ce noble sentiment. Séparons, dans la puissance paternelle romaine, le pouvoir arbitraire d'avec cette autorité vénérable du père de famille, dont les vertus commandent le respect, dont les sages conseils sont regardés comme des oracles, et dont les ordres sont inviolablement exécutés, parce qu'ils ne sont dictés que par l'affection et la raison. Ce n'est point par les menaces d'user du droit de vie et de mort, du droit de vendre un fils, de l'exhéréder, de refuser le consentement à son mariage, qu'un père de famille portoit son fils à chérir sa patrie ; mais c'étoit plutôt par les sentimens distingués qu'il lui inspiroit par ses discours, par son exemple, et par l'admiration qu'il produisoit en lui pour les vertus des grands hommes qui avoient su mériter la reconnoissance publique. Les menaces et les peines n'engendrent que la crainte et une obéissance servile ; le patriotisme, au contraire, a des sources plus pures et plus nobles. En admettant que les jeunes Romains n'étoient formés aux mœurs austères de leurs ancêtres, et qu'ils n'apprenoient l'amour des lois et de la patrie, que par l'exemple qu'ils avoient continuellement sous leurs yeux dans leurs pères, on concevra facilement que ce fut cette éducation qui entretint chez ce peuple, pendant des siècles, la simplicité originaire de ses mœurs, l'énergie de son caractère et la soif des grandes actions ; et que c'est à ces causes qu'on doit attribuer tous ses succès, et non à ses lois sur la puissance paternelle, qui permettoient, dans les premiers temps, tous les excès dont un père peut se rendre coupable envers ceux auxquels il a donné le jour. Ceux qui cherchent la cause de la chute de l'empire romain dans les changemens que cette législation a subis, tombent dans une grande contradiction avec l'histoire de cette partie du droit romain. Car ne voyons-nous pas le pouvoir paternel subsister encore, sans avoir beaucoup perdu de sa rigueur, dans des temps où ce peuple marchoit à grands pas vers sa décadence ? N'est-ce pas Justinien qui en a principalement modéré la dureté ? Et cet empereur régnoit pourtant à une époque où l'empire avoit déjà éprouvé les plus fortes secousses. Il me semble que l'extension progressive de cet état, ses relations multipliées avec les peuples de l'Orient ; le raffinement des plaisirs, les progrès du luxe, la corruption des mœurs, qui en furent la suite et le foible gouvernement des successeurs d'Adrien et des Antonins, qui n'étoient plus capables de résister aux chocs qui venoient ébranler l'empire, indiquent suffisamment les véritables causes du renversement de cette monarchie, sans qu'on ait besoin de les rechercher dans les restrictions que les empereurs apportèrent successivement à la puissance paternelle, et qui étoient à la fois conseillées par la raison et l'humanité.

Un autre reproche qu'on peut faire aux législateurs de Rome, sous le rapport politique, c'est d'avoir concentré tous les biens des familles dans la personne de leurs chefs, en donnant à la puissance paternelle une durée illimitée. Quoi de plus favorable à l'industrie, que l'occasion ouverte à un jeune citoyen qui a appris à se guider lui-même, de faire valoir son capital pour son propre compte ? Ce n'étoit pas encourager un fils à augmenter de toutes les manières possibles la partie de la fortune de son père qu'il administroit, que de le laisser dans l'incertitude s'il travailloit pour lui-même, ou si un jour il seroit privé du fruit de ses peines par une exhérédation arbitraire. Il est vrai que les Romains s'appliquoient moins à gagner des richesses par le commerce que par les armes, et que les fils de famille étoient plus souvent guerriers que commerçans ; mais on peut trouver, dans cette dépendance domestique même des fils de famille, le motif qui les engageoit à voler dans les camps, où ils étoient honorés et où ils trouvoient le moyen d'acquérir de la fortune. La propriété des pécules *castrenses* et la faculté de tester sur ces biens, que César et Auguste assurèrent aux fils de famille, sont regardées par l'auteur de l'Essai cité p. (112), comme de si grandes atteintes aux droits de la puissance paternelle, qu'il en conclut que dès ce moment l'autorité des pères s'étoit évanouie. Mais malheur au pays dans lequel tout le respect et toute l'obéissance que les enfans montrent aux auteurs de leurs jours, ne sont que l'effet de l'espoir de leur succéder !

Le même auteur (p. 117 et suiv.) émet une opinion contraire aux principes du droit romain. Il prétend qu'avant le SCte Macédonien les fils de famille pouvoient valablement contracter des engagemens sans le consentement de leurs pères, et que ce SCte ne fut rendu que pour remédier aux inconvéniens qui résultoient de la faculté qu'on avoit donnée aux fils de famille de posséder des propriétés. Mais, avant comme après cette loi, le

consentement du père étoit nécessaire pour valider un engage-
ment du fils ; l'obligation naturelle cependant subsistoit après la
mort du père, et c'est alors que se déclaroient les suites ruineuses
des emprunts contractés par un fils durant sa soumission à la
puissance paternelle. Ce SCte ne voulut prévenir que les effets
de l'obligation naturelle, qui détruisoit d'avance la fortune des
fils de famille, et c'est par cette raison qu'il n'accorda jamais
d'action, même après la mort du père, à celui qui avoit prêté
de l'argent à un fils. Le motif de ces dispositions existoit donc
tout aussi bien à l'époque où les fils non émancipés n'avoient
encore aucune propriété, et il ne peut point être regardé comme
ayant été amené par l'influence qu'exercoient sur la conduite de
la jeunesse les lois sur les pécules. Le SCte Macédonien du reste
fait ressortir davantage la bizarrerie des lois romaines sur la durée
de la puissance paternelle, parce que, les fonctions publiques
n'étant pas une cause nécessaire d'émancipation, il arrivoit souvent
qu'un fils de famille revêtu d'un emploi distingué étoit encore
frappé de l'incapacité de contracter par sa propre volonté un prêt
d'argent.

QUATRIÈME SECTION.

Droit français ancien.

§. 69. **Nous** avons vu quels changemens les lois sur la puissance paternelle avoient subis successivement jusqu'aux temps de Justinien. C'est sous les mêmes modifications que nous la voyons en vigueur dans les *Gaules*, lorsque cette province tomba au pouvoir des *Francs*. On sait que les rois de la première race avoient laissé aux habitans de ce pays la liberté de suivre le droit romain, tel qu'il les régissoit depuis la conquête de Jules César, et c'est ainsi que la puissance paternelle se conserva parmi ces peuples selon les principes établis par les derniers empereurs. Les conquérans, en prenant peu à peu les usages et les habitudes des vaincus, finirent aussi par adopter leurs lois, et en étendirent l'autorité sur toutes les autres provinces soumises à leur domination. La puissance paternelle romaine fut donc généralement admise en France, ainsi qu'il est prouvé par beaucoup d'anciennes chartes, qui à cet égard se servent absolument des termes employés dans le droit romain (*a*).

Dans la suite, on la vit néanmoins tomber en désuétude dans plusieurs provinces connues depuis sous le nom de *pays coutumiers*, dans lesquelles on adopta le principe que *droit de puissance paternelle n'a lieu* (*b*). Ce principe cependant n'étoit pas reçu par toutes les coutumes; car il y en avoit qui admet-

---

(*a*) Répertoire de jurisprudence, art. *Puissance paternelle*, Sect. 1.ʳᵉ Les décisions de Jean Desmares, 36 et 248. Le grand coutumier, Liv. II, c. 4o. Bretonnier, Quest. de droit, art. *Puissance paternelle.*

(*b*) Loisel, Règles coutumières, liv. I, tit. 1, art. 37. Dumoulin, sur la Cout. de Paris, §. 25, n.° 13.

toient cette puissance, soit conformément aux règles du droit romain, soit avec des changemens plus ou moins considérables (*a*).

§. 70. Mon but étant de donner seulement un aperçu de ce qui se pratiquoit généralement en France, je ne m'arrêterai point aux dispositions particulières de quelques coutumes sur la puissance paternelle. Le droit romain ayant été la règle la plus commune dans cette matière, je partirai des principes que j'ai exposés précédemment pour m'arrêter aux modifications sous lesquelles elle a existé en France avant la révolution. Je suivrai à cet effet la même marche que ci-devant, en considérant,

1.º Les *droits* dont se composoit la puissance paternelle ;

2.º Les diverses manières de *l'acquérir;*

3.º Les causes qui la faisoient *cesser.*

I) *Droits résultant de la puissance paternelle.*

§. 71. L'exercice des droits de la puissance paternelle étoit attaché en France, comme chez les Romains , au *droit de cité ;* c'est-à-dire, il falloit être régnicole et capable des actes de la vie civile. Celui qui étoit lui-même assujetti à la puissance paternelle, ne pouvoit pas avoir ses enfans en sa puissance; et l'aïeul exerçoit sur les petits - enfans les mêmes droits que sur le fils , aussi long-temps que celui-ci n'étoit point émancipé. Ce principe cependant ne recevoit pas une application générale; car il y avoit plusieurs provinces dans lesquelles le mariage émancipoit de droit, et où par conséquent l'aïeul ne pouvoit jamais avoir les petits - enfans dans sa puissance.

(*a*) Voy. la liste de toutes les coutumes qui avoient reçu la puissance paternelle , dans le Répert. de jurisp. l. c. Les principales étoient celles de Berry, Poitou, Nivernois , Blois, Orléans, Bretagne, Normandie, Bordeaux, Angoumois, Lorraine, Lille, Auvergne et Bourgogne. Bretonnier, sur Henrys, tom. II, liv. 2 , quest. 13. Bouhier , sur la coutume de Bourgogne, ch. 16, et suiv.

Quoiqu'en France la puissance paternelle ait aussi été réservée au père, la mère n'en étoit cependant pas absolument exclue. Nos lois la laissoient prendre part à cette autorité, qui résulte des devoirs mêmes que la nature a imposés aux parens. En confiant l'éducation des enfans aussi bien à la mère qu'au père, on ne pouvoit lui refuser les moyens de correction que les parens sont quelquefois obligés d'employer, et le respect que les enfans doivent à la mère comme à leur père, devoit aussi rendre son consentement nécessaire pour le mariage de son enfant (*a*).

§. 72. Les droits *sur la personne d'un enfant* avoient perdu tout ce que la puissance paternelle romaine leur avoit laissé d'odieux.

1.° Le *droit de propriété* et toutes les conséquences qu'on en tiroit autrefois, avoient disparu. Il faut remonter à la première race de nos rois pour retrouver un usage barbare qui permettoit aux pères de vendre leurs enfans pour subvenir aux besoins de la vie (*b*); et dans le treizième siècle déjà le père avoit perdu le droit de consacrer irrévocablement ses enfans, même avant leur naissance, à l'état ecclésiastique ou monastique (*c*). Dans les temps modernes on regardoit à juste titre de tels droits comme des monstruosités. Une quantité d'arrêts prouvent que le pouvoir du père sur la personne de l'enfant étoit réduit au droit de correction, et que, lorsque le fils avoit mérité un châtiment qui excédoit ces bornes, c'étoit au juge à le prononcer (*d*).

§. 73. 2.° Le droit d'*abandonner un enfant pour délit* (*jus noxæ dandi*) se trouve déjà aboli par Justinien, et ne pouvoit donc

---

(*a*) Boutaric, Institut. *de nuptiis*, p. 35. Ordonnances d'Alsace, I, p. 174.

(*b*) Le Glossaire du Droit françois, tom. I, p. 378.

(*c*) Voy. les notes de Baluze sur Salvien.

(*d*) Voy. les arrêts rendus sur cet objet par les parlemens, dans le Répert. de jurispr., art. *Correction.*

plus avoir lieu en France. Cependant le père, conformément aux principes du droit romain, étoit sujet à l'*action péculiaire*, tendante à la réparation civile des délits de ses enfans, dans les cas où il avoit entre les mains un pécule à eux appartenant. Il pouvoit même être tenu de réparer de ses propres biens le tort causé par son fils, lorsqu'il en prenoit la défense devant le juge, lorsqu'il avoit consenti au délit de son enfant, ou que celui-ci remplissoit des fonctions auxquelles le père l'avoit commis ; enfin si un enfant assujetti à la puissance paternelle étoit contrevenu aux réglemens de police.

§. 74. 3.° Quant à l'influence de la puissance paternelle sur la *capacité d'état du fils* de famille, on peut établir en thèse générale, que la puissance paternelle ne l'empêchoit pas d'exercer des fonctions publiques, d'acquérir pour lui-même, de se choisir un domicile séparé de celui de son père lorsqu'il étoit majeur, de contracter toutes sortes d'obligations, de recevoir les créances qui lui étoient dues et d'en donner décharge, d'aliéner enfin les biens dont il avoit la pleine propriété, c'est-à-dire les pécules *castrense* et *quasi-castrense*. Il faut se garder pourtant de croire que cette dernière faculté s'étendît aussi aux biens adventifs, dont la pleine propriété étoit reservée aux fils de famille ; car la loi ne leur accordoit sur ceux-ci que le droit d'une libre administration, et leur aliénation ne pouvoit jamais se faire sans le consentement du père. Cette règle recevoit son application, à bien plus forte raison, à l'égard de ceux des biens adventifs dont le père avoit l'usufruit.

La capacité d'état d'un fils de famille étoit limitée dans beaucoup d'autres cas, où le consentement du père étoit essentiellement requis.

1) D'abord le SCte. Macédonien recevoit sa pleine et entière exécution en France, et les *obligations contractées pour prêt d'argent* par les fils de famille, quoique majeurs, ne pouvoient jamais produire le moindre effet, si le père ne les avoit validés

par son consentement ; une quantité d'arrêts avoient constamment confirmé cette jurisprudence (*a*).

2) Le fils de famille étoit incapable à tout âge d'*ester en jugement*, sans l'aveu de son père, dans les causes relatives à ses biens adventifs. C'étoit une conséquence naturelle de l'incapacité d'aliéner ces biens, parce que la contestation judiciaire peut faire perdre les biens qui en sont l'objet.

3) Le consentement du père étoit nécessaire pour qu'un fils de famille pût *contracter mariage*. La même condition s'appliquoit aux fiançailles. Les ordonnances des rois, qui contenoient beaucoup de dispositions à cet égard, ont toutes maintenu le même principe.

4) Il étoit défendu au fils de famille de *faire des donations à cause de mort* sans le consentement du père ; cette prohibition frappoit tous ses biens, à l'exception du pécule *castrense* ou *quasi-castrense*.

On doit mettre au nombre des effets de l'état de fils de famille, quoique ce ne fussent pas des droits qui en résultoient pour le père :

1] Son incapacité de contracter une obligation avec son père et de faire en sa faveur ou d'en recevoir une donation entre-vifs.

2] Son incapacité de tester, même avec la permission du père : sur d'autres biens que les pécules *castrense* et *quasi-castrense* (*b*).

§. 75. 4.° Le droit de *donner par testament un tuteur* à un enfant assujetti à la puissance paternelle, n'existoit plus en France qu'avec une modification qui avoit beaucoup diminué, sous ce rapport, l'autorité du père ; car ce n'étoit plus sa volonté qui conféroit proprement ces fonctions au tuteur, mais la confirmation du juge, qui étoit absolument nécessaire pour chaque tutèle. Cependant on respectoit toujours beaucoup la volonté du père,

---

(*a*) Voy. Répert. de jurispr. l. c. sect. 3, §. 4. Bretonnier, Quest. de dr. l. c.
(*b*) Bretonnier, l. c.

et il falloit des raisons bien graves, qui étoient restées inconnues au père, pour exclure de la tutèle celui qu'il avoit désigné (*a*).

§. 76. 5.° Quant au *droit d'acquérir* par un enfant, les principes de la dernière jurisprudence romaine étoient aussi ceux qu'on observoit en France. Le père jouissoit des fruits de tous les biens des enfans constitués dans sa puissance, à l'exception des pécules *castrense* ou *quasi-castrense.* Le privilége de pouvoir acquérir ce dernier donna lieu en France à des controverses sur les personnes auxquelles cette faveur étoit applicable. Furgole et d'Espeisses soutenoient qu'il devoit être étendu aux conseillers et tous autres juges, à tous les médecins, aux secrétaires du roi, aux greffiers des cours supérieures et aux procureurs du parlement; mais que les notaires, chirurgiens, procureurs et greffiers des siéges subalternes, en étoient exclus. (*b*)

Le père, pour prix de l'émancipation, retenoit aussi la moitié de l'usufruit des biens adventifs de ses enfans (*c*).

On avoit même appliqué, dans certaines provinces de droit écrit, la loi 3, *Cod. de bon. mat.*, qui attribue au père l'usufruit d'une portion virile des biens maternels échus à un enfant après son émancipation (*d*).

A plus forte raison tous les fruits du pécule profectice, c'est-à-dire ceux qui provenoient de l'administration et du maniement des biens du père, étoient acquis à celui-ci; mais c'étoit aussi le seul cas dans lequel le père étoit tenu personnellement des dettes contractées par son fils, parce que ce dernier agissoit, en administrant ces biens, plutôt comme mandataire que comme usufruitier. L'usufruit du père n'avoit pas lieu :

(*a*) Boutaric, Inst. *de Tutelis.*

(*b*) Boutaric, Inst. *L.* 2, T. 9. Ferrière, sur Guy Pap. Quest. 190.

(*c*) Duperrier, liv. 3, quest. 12. Catelan, t. 2, l. 4, ch. 53.

(*d*) Cujas, ad d. leg. Godefroy, *ib.* Duperrier, L. 3, quest. 12. Celui de *Toulouse* n'admettoit point cette application. Boutaric, l. c. §. 2.

1) Dans les biens provenant de la succession d'un autre enfant prédécédé , parce que dans ce cas le père prenoit lui - même une portion virile en propriété (*a*);

2) Lorsqu'il avoit refusé d'autoriser son enfant, d'accepter une donation, succession ou legs, et que le juge l'avoit fait d'office;

3) Lorsque des biens avoient été donnés ou légués aux enfans à condition que le père n'en jouît pas (*b*).

§. 77. 6.° Le père avoit conservé aussi, en France, le droit de *substituer pupillairement* à un enfant soumis à sa puissance. Ce droit étoit tellement respecté, que certains parlemens avoient jugé qu'une substitution faite à une partie des biens du pupille devoit être étendue à tous ses autres biens, parce qu'autrement il décéderoit *pro parte testatus, pro parte intestatus* (*c*).

La loi romaine (*d*) traite cette substitution si favorablement qu'elle exclut la mère du pupille même de la légitime qu'elle auroit eu à recueillir dans la succession de son enfant. Mais cette rigueur avoit été adoucie par l'usage, et plusieurs parlemens jugeoient d'après des principes contraires (*e*).

§. 78. 7.° Enfin, le droit *d'exhéréder les enfans* doit aussi être rangé, comme il a été observé plus haut (§. 47), parmi les attributions du pouvoir paternel, en tant que les lois françaises, adoptant le principe du droit romain de l'unité de personne entre le père et les enfans, considéroient les derniers, même du vivant du père, comme propriétaires de sa future succession. On suivoit à cet égard en France les mêmes principes que ceux établis dans la législation romaine par Justinien ; les enfans devoient être *institués* ou *exhérédés nominativement* sans aucune distinction de degré

(*a*) Voy. BRETONNIER, l. c. BOUTARIC, L. II, t. 9, §. 1.

(*b*) BRETONNIER, l. c.

(*c*) Voy. les arrêts de CAMBOLAS, liv. 6, chap. 19; et CATELAN, liv. 2, ch. 35.

(*d*) L. 8, §. 5, *ff. de inoff. test.*

(*e*) BOUTARIC, Instit. liv. 2, t. 16.

ni de sexe, et soit qu'ils fussent nés ou conçus à l'époque où le testament fut fait (*a*). Les causes de l'exhérédation étoient les mêmes que dans le droit romain, à cette différence près que le roi Henri II ajouta une quinzième cause, savoir, le mariage contracté par un fils âgé de 30 ans, ou une fille âgée de 25 ans, sans le consentement du père ou sans l'avoir requis par des sommations respectueuses.

II) *Manières d'acquérir la puissance paternelle.*

§. 79. Il n'y avoit en France que deux manières d'acquérir la puissance paternelle, qui étoient le *mariage* et la *légitimation;* car l'adoption n'y étoit point généralement en usage, et dans le peu de cas où elle se pratiquoit elle ne donnoit ni la puissance paternelle ni les droits d'héritier légitime (*b*).

§. 80. 1.º Le *mariage* n'avoit pas seulement la nature d'un contrat civil, mais pour devenir parfait, il avoit besoin de la bénédiction sacerdotale, et c'est ce lien spirituel qui le rendoit indissoluble. Les conditions requises pour pouvoir le contracter étoient, *l'âge de puberté*, et *le consentement des père et mère.* Plusieurs formalités étoient réputées essentielles, comme la publication de trois bans, l'assistance de quatre témoins, et la bénédiction sacerdotale. Les empêchemens étoient aussi puisés dans le degré de parenté et dans les rapports civils qui existoient entre ceux qui vouloient se marier.

§. 81. 2.º Le concubinage étant prohibé par les lois, il n'y avoit pas de distinction entre les enfans naturels qui n'étoient pas adultérins ou incestueux. Tous les enfans naturels ou bâtards pouvoient être légitimés *par mariage subséquent;* ils devenoient

---

(*a*) FERRIÈRE, Instituts, L. II, t. 13, §. 5.
(*b*) FERRIÈRE, Inst. L. I, t. XI, p. 216.

même légitimes par cet acte, sans que leur consentement fût nécessaire. De tels mariages cependant ne pouvoient être contractés *in extremis*, ni lorsqu'au temps de la conception des enfans il existoit un empêchement au mariage. D'où il suit qu'un enfant adultérin ne pouvoit jamais être légitimé, et l'enfant incestueux dans les cas seulement où le mariage étoit ensuite contracté avec dispense.

La légitimation *par lettres du prince*, n'étant regardée que comme une grâce, ne produisoit point l'effet de soumettre l'enfant légitimé à la puissance paternelle, et ne lui donnoit pas même le droit de succéder au père.

III) *Causes qui faisoient cesser la puissance paternelle.*

§. 82. Ces causes étoient les mêmes que celles indiquées dans le droit romain, à l'exception de l'adoption, qui, n'étant point reçue en France, ne pouvoit être un mode de finir la puissance paternelle.

§. 83. 1.° *L'émancipation* étoit *expresse* ou *tacite ;* quelquefois aussi elle étoit *nécessaire*, et quelquefois elle avoit lieu *de droit.*

§. 84. 1) L'émancipation *expresse* se faisoit par la seule déclaration du père, devant le juge de son domicile, qu'il mettoit son fils hors de sa puissance, de laquelle déclaration le juge lui donnoit acte. On avoit voulu introduire la faculté de faire cette déclaration devant un notaire seulement et deux témoins : mais la jurisprudence romaine, qui exige pour cet acte le ministère du juge, avoit prévalu dans la plupart des jurisdictions supérieures (*a*).

On n'admettoit non plus généralement l'émancipation d'un fils de famille pour un seul acte (émancipation *ad hoc*, habilitation,

---

(*a*) Voy. FERRIÈRE, Inst. L. I, t. 12, §. 6. BOUTARIC, Inst. *ibid.*

comme p. ex. pour tester, pour défendre un procès), qui ne devoit point préjudicier à la continuation de la puissance paternelle; car ce principe étoit trop contraire aux dispositions du droit romain, qui range la puissance paternelle au nombre des droits indivisibles et actes légitimes, *qui in totum vitiantur per temporis vel conditionis adjectionem* (*a*).

§. 85. 2) L'émancipation *tacite* étoit un mode de finir la puissance paternelle, qui résultoit de l'habitation du fils séparée de celle du père pendant *dix* ans, parce qu'on avoit adopté pour principe, qu'une aussi longue séparation devoit faire présumer le consentement du père dans les cas où elle étoit volontaire de part et d'autre. Les auteurs dérivoient aussi cette émancipation du droit romain, dans lequel cependant elle n'est fondée qu'autant qu'on veuille admettre l'interprétation extensive d'un rescrit de l'empereur Antonin, qui semble se rapporter à un cas différent (*b*).

§. 86. 3) Le père étoit *forcé* d'émanciper un enfant pour les mêmes raisons qui ont été alléguées plus haut (§. 66), et qui la rendoient nécessaire d'après le droit romain (*c*).

§. 87. 4) L'émancipation se faisoit *de droit* par le mariage de l'enfant soumis à la puissance paternelle, dans les pays de droit écrit qui ressortissoient du parlement de Paris. Toutes les autres provinces de droit écrit suivoient à cet égard strictement le droit romain, qui n'attribue pas cet effet au mariage (*d*).

§. 88. 2.º Certaines *grandes dignités* émancipoient aussi de plein droit, à l'instar du droit romain, dans les pays de droit

---

(*a*) *L.* 77, *ff. de Regulis juris.*

(*b*) C'est la loi 1, *Cod. de patr. pot.* « *Si filium* tuum *in potestate tua esse dicis,* « *Præses provinciæ æstimabit an audire te debeat; cum diu passus sis, ut patrisfami-* « *lias, res ejus agi per eos qui testamento matris tutores nominati fuerunt.* »

(*c*) Boutaric, Inst. L. I, t. 12, §. 10.

(*d*) Ferrière, Dict. de dr., art. Émancipat.

écrit. L'application de la Novelle 81 étoit claire, quant aux dignités d'évêque, de gouverneur de province et de lieutenant-général des armées du roi. On mettoit sur la même ligne les ministres, secrétaires et conseillers d'état. Mais il y avoit des controverses sur l'extension de ce privilége aux magistrats des cours souveraines (*a*); on concevra donc facilement que des charges inférieures ne produisoient pas cet effet.

§ 89. 3.° Enfin la puissance paternelle finissoit par la *mort naturelle* et *civile* du père ou du fils. Quant à la mort naturelle du père, on doit observer qu'elle n'affranchissoit les enfans de la puissance paternelle que dans les provinces de droit écrit, dans lesquelles le mariage étoit une cause d'émancipation, parce que dans les autres ils retomboient dans la puissance du grand-père.

La mort *civile* étoit encourue en France par le bannissement et la condamnation aux galères pour plus de neuf ans (*b*).

§. 90. Il seroit superflu de répéter ici les observations générales que j'ai déjà faites plus haut, à la suite de l'exposition des lois romaines sur la puissance paternelle. Quoique ce pouvoir eût été beaucoup modéré par Justinien et quelques-uns de ses prédécesseurs, il conservoit néanmoins l'empreinte des faux principes qui lui avoient servi de base. Il est vrai que les mœurs françaises avoient contribué également à en adoucir la rigueur, et en adoptant des idées plus justes sur le véritable but de la puissance paternelle, on s'étoit efforcé à introduire, par l'interprétation des lois et par l'usage, les réformes que l'équité avoit fait désirer. Ce n'est que dans la France coutumière que ce pouvoir avoit été réduit à ce qu'il doit être, c'est-à-dire à l'autorité nécessaire pour pouvoir donner aux enfans une bonne éducation. On sentoit bien que les lois commande-

---

(*a*) D'ESPEISSES, BARRY, BRETONNIER et REBUFFE, soutiennent l'affirmative : SERRES et BOUHIER, le contraire.

(*b*) Voy. FERRIÈRE, l. c.

roient en vain aux enfans le respect et la reconnoissance, si ces sentimens ne leur avoient été inspirés par des bienfaits et l'exemple des vertus. On s'étoit donc borné à régler les droits que les rapports naturels entre les parens et les enfans rendent nécessaires, et on avoit éloigné toute autorité arbitraire qui par son abus pouvoit nuire aux véritables intérêts de la société.

Tel étoit l'état de la législation sur la puissance paternelle en France, lorsque la révolution commença. Les changemens qu'elle apporta à l'autorité paternelle dans les provinces régies par le droit écrit, se ressentoient trop des principes politiques qui étoient alors en vogue, et leur durée a été trop éphémère, pour qu'ils méritent de fixer notre attention. Hâtons-nous plûtot d'arriver à cette époque heureuse qui vit paroître un code dont les bienfaits s'étendent aujourd'hui sur toute la France, et dont les auteurs, en balançant dans leur sagesse, d'un côté, le respect et l'obéissance que les enfans doivent aux auteurs de leurs jours, de l'autre, les droits qu'ils ont de participer, comme membres de la société, à tous les avantages, ont su assigner au pouvoir paternel les bornes que réclamoit la civilisation de notre siècle.

CINQUIÈME SECTION.

Développement des dispositions que renferme le Code civil sur la puissance paternelle.

· **I.** *Droits dont elle se compose.*

§. 91. La puissance paternelle peut être exercée par toute personne jouissant des droits civils qui sont attachés à la qualité de François, et capable des actes de la vie civile (*a*). La loi n'en exclut pas la mère ; mais durant le mariage sa volonté est subordonnée à celle du père (*b*).

Cette puissance renferme, ou *des moyens de direction et de tutèle*, ou *des droits utiles à ceux qui l'exercent.* C'est d'après cette division que je parcourrai les dispositions de notre Code.

I) *Moyens de direction et de tutèle que la loi donne aux parens sur leurs enfans.*

§. 92. 1.° L'éducation étant le principal but des rapports civils que les lois ont établis entre les parens et leurs enfans, le législateur a dû assurer d'abord aux premiers le seul moyen qui la rende possible, c'est-à-dire *l'habitation commune.* Souvent les facultés d'un enfant sont assez développées pour le mettre à même de gagner sa vie par sa propre industrie, dans un âge qui le soumet encore à la direction de ses père et mère ; et quoique

---

(*a*) Ces conditions ne se trouvent pas textuellement dans le Code civil, mais elles sont une conséquence naturelle des droits attachés à l'exercice du pouvoir paternel.

(*b*) Art. 373 du C. C. Le droit de la mère d'exercer aussi la puissance paternelle résulte des art. 148, 149, 381, 384, 386, 390, 397, 477, et autres du C. C.

son éducation ne soit pas encore finie, il se croira assez instruit pour ne plus écouter la voix de ceux qui jusqu'alors l'avoient guidé; il voudra se soustraire à des commandemens qui commencent à lui paroître insupportables; il prêtera l'oreille à la voix de la séduction; il quittera la maison paternelle, et les parens le verront courir à une perte certaine. Pour prévenir les suites funestes de pareils égaremens, on a accordé au père *la faculté de contraindre son enfant à rentrer dans la maison paternelle*, s'il l'avoit quittée sans sa permission (*a*). (Art. 374 C. C.)

Cette règle ne reçoit qu'une seule exception, lorsqu'un fils âgé de dix-huit ans s'est destiné au service de la patrie en s'enrôlant volontairement.

§. 93. 2.° Souvent les exhortations, les privations, les peines légères, ne suffisent point pour maintenir dans le devoir un enfant dont le naturel se refuse à la direction que veulent lui donner ses parens. Des mesures plus rigoureuses produiront peut-être sur lui plus d'impression, et alors il vaudra mieux lui faire sentir la sévérité de la justice dans un âge où une terreur salutaire pourra encore le ramener à la vertu, que de l'encourager, par l'impunité de ses premiers égaremens, à des crimes dont la punition imprimeroit dans la suite sur son front une flétrissure ineffaçable. Pour ne point exposer à la honte d'une condamnation judiciaire l'enfant dont les écarts méritent pourtant d'être plus sévèrement punis que par une correction domestique, on a cru trouver un juste milieu en investissant le père de ce pouvoir salutaire:

(*a*) Il faut croire que la mère a la même faculté dans le cas où elle exerce seule l'autorité sur ses enfans, en adoptant le principe que les lois donnent le même pouvoir à la mère qu'au père, aussi souvent qu'elles ne le limitent pas expressément, et c'est dans ce sens que je me servirai dans la suite du mot de père, pour parler aussi de la mère, en indiquant les cas d'exception. Je comprendrai de même sous la dénomination de fils les enfans de l'un et de l'autre sexe.

on lui a donné le *droit de faire détenir son enfant quand il aura des sujets de mécontentement très-graves sur sa conduite* (art. 375 et suiv. C. C.). Il étoit juste de proportionner cette faculté à la grandeur des fautes, et de lui donner plus d'étendue lorsque l'enfant aura atteint un âge dans lequel toutes les actions sont plus réfléchies et entraînent des suites plus graves. C'est le motif pour lequel les articles cités portent *que la détention d'un enfant âgé de moins de quinze ans commencés, ne pourra excéder un mois, et que passé cet âge elle pourra être de six mois.* En limitant ainsi la détention d'un enfant, le législateur n'a cependant pas voulu lui laisser la liberté de braver son père après avoir subi sa peine, parce qu'il autorise ce dernier *à faire détenir son enfant de nouveau, si après sa sortie de la prison il tombe dans de nouveaux écarts.* (Art. 379 C. C.)

Mais en confiant ainsi au père l'autorité de magistrat domestique, on a dû prévoir aussi les cas dans lesquels l'exercice de ce pouvoir ne seroit que l'effet de l'emportement, de l'injustice ou même de l'intérêt. Le législateur n'a pas voulu abandonner l'enfant qui possède de la fortune à la discrétion et au caprice d'un père irascible ou dissipateur, qui ne chercheroit qu'à le dépouiller. On a donc subordonné l'exercice de ce pouvoir, dans les cas graves, à la surveillance et à l'impartialité des magistrats, qui pèseront les motifs pour lesquels un père voudra employer ces mesures rigoureuses. **La** détention d'un enfant âgé de moins de seize ans dépend uniquement de la volonté du père, et *le président du tribunal de l'arrondissement devra, sur sa simple demande, délivrer l'ordre d'arrestation.* (Art. 376 C. C.)

Mais le père ne sera pas seul juge, quand il voudra faire enfermer un enfant qui aura commencé sa seizième année, et qui, par conséquent, sera déjà membre de la société. Dans ce cas, il *exposera ses motifs au même magistrat, afin que celui-ci en confère avec le ministère public, et modère ou refuse l'exécution de la volonté du père, si elle ne lui paroît pas suffisamment justifiée.* (*a*) (Art. 377 C. C.)

Afin de ne point imprimer à ces corrections le caractère d'une contestation judiciaire, qui diminueroit beaucoup l'autorité du père, s'il succomboit, qui le priveroit, d'un autre côté, de la faculté de révoquer un ordre sévère quand il auroit trouvé de justes raisons pour pardonner à son enfant, et qui entraveroit en tout cas la prompte exécution de mesures qui souvent ne souffrent point de délai, on a exempté ces démarches *de toute écriture et for-malité judiciaire, si ce n'est l'ordre même de l'arrestation.* (Art. 378 et 379 C. C.)

On a dû se défier encore des instigations d'une belle-mère, qui trop souvent refroidissent les sentimens d'un père pour ses enfans du premier lit, et on l'a obligé, s'il s'est remarié, de soumettre également ses motifs au magistrat, lorsqu'il voudra faire détenir un enfant qui sera même âgé de moins de 16 ans (*b*). (Article 380 du C. C.)

La loi impose la même condition au père lorsqu'il veut faire détenir un enfant, même au-dessous de 16 ans, qui aura des biens personnels ou qui exercera un état. L'enfant détenu pourra, dans ce cas, réclamer même *contre son père, en adressant un mémoire au procureur général près le tribunal d'appel,* qui se fera rendre compte par celui près le tribunal de première instance,

---

(*a*) La détention obtenue contre un fils de famille près d'atteindre sa majorité, peut-elle être continuée postérieurement à cette époque? C'est une question qui n'est pas décidée par le Code civil, quoiqu'il eût été nécessaire de le faire , comme l'a observé la Cour de cassation, car il y a autant de raisons pour l'affirmative que pour la négative.

(*b*) On a élevé la question si le père , veuf de son second mariage, seroit astreint à l'observation des mêmes formes pour la détention d'un enfant âgé de moins de seize ans? La négative semble résulter du principe, *Cessante causa , cessat effectus.*

et fera son rapport au président de la cour d'appel, qui, après en avoir donné avis au père, et après avoir recueilli tous les renseignemens, pourra révoquer ou modifier l'ordre délivré par le président d'un tribunal de première instance. (Art. 382 C. C.)

La mère survivante, n'étant point exclue de la puissance paternelle, peut aussi faire détenir son enfant, sous la *condition, cependant, qu'elle ne soit pas remariée, et qu'elle le fasse avec le concours des deux plus proches parens paternels de l'enfant*, et sous la surveillance du président du tribunal. (Art. 381 C. C.)

Enfin, notre législation accordant aux enfans naturels, légalement reconnus, des droits sur les biens de leurs père et mère décédés (art. 756 C. C.), il étoit juste de les soumettre aussi à l'autorité de ceux auxquels ils tiennent par les liens de la nature et des rapports civils. La loi a donc donné aux parens le droit d'*employer*, *à l'égard de leurs enfans légalement reconnus, les mêmes moyens de correction* qu'elle leur assure sur ceux issus d'un légitime mariage. Les restrictions apportées à l'exercice de ce pouvoir, du côté de la mère, et dans le cas où le père seroit remarié ou que l'enfant eût des biens personnels, cessent même à l'égard des enfans naturels (*a*). (Art. 383 C. C.)

(*a*) Souvent ce n'est que la mère qui reconnoît légalement son enfant ; celui-ci n'a donc pas de parens paternels, et pour cette raison la mère exerce seule la puissance paternelle sur cet enfant. Mais si le père, avant son décès, avoit aussi légalement reconnu l'enfant, la mère sera-t-elle alors astreinte à l'observation de la formalité d'appeler les deux plus proches parens paternels pour faire détenir l'enfant? La négative se fonde sur le silence de la loi, et sur la raison que la reconnoissance des enfans naturels n'a d'effet qu'à l'égard de leurs père et mère, et n'établit aucune parenté entre eux et les familles de ceux-ci.

L'art. 383 ne rend pas applicables à la mère d'un enfant naturel légalement reconnu, les dispositions de l'art. 381, qui prive une mère qui convole en secondes noces, de la puissance paternelle. On doit donc croire que la mère d'un enfant naturel reconnu, qui se marie pour la première ou seconde fois, n'en exercera pas moins sur cet enfant l'autorité que les lois lui avoient donnée.

Pour la même raison, il faut aussi penser que le père pourra faire détenir son enfant

§. 94. 3.° **Parmi les moyens que la loi a confiés aux parens**
pour contenir les enfans dans le devoir, il en est un qui est
d'autant plus efficace qu'il est fondé sur l'intérêt; je veux parler
de la faculté des père et mère de récompenser ou de punir un
enfant en augmentant ou diminuant la portion des biens qu'ils
lui laissent après leur mort. Nous avons vu que chez les Romains
ce droit étoit d'abord illimité; qu'ensuite Justinien n'a permis
l'exhérédation que dans le cas où l'enfant s'étoit rendu indigne
de succéder, et qu'il n'avoit laissé au père, dans les cas ordi-
naires, que la faculté de disposer librement d'une certaine portion de ses biens, en accordant à l'enfant une *légitime*. Aujourd'hui les exhérédations sont devenues superflues, parce que la
prétérition d'un héritier légitime ne rend plus le testament nul,
mais donne seulement lieu *à la réduction des dispositions qui*
excéderoient la quotité disponible (art. 920 C. C.), et que dans le
cas où il seroit permis d'exhéréder un enfant, la loi l'exclut elle-
même de la succession. (*a*)

---

naturel reconnu, âgé de moins de seize ans, sans obtenir à cet effet la permission du
président du tribunal, quoique cet enfant ait des biens personnels; attendu que, sous
ce rapport, la loi ne déclare pas communes aux enfans naturels les dispositions relatives aux enfans légitimes.

Il sera difficile d'en trouver le motif; mais ce ne sera pas une raison pour rejeter
cette exception, qui résulte de l'art. 383 du Code civil. Les auteurs des Pandectes fran-
çoises décident le contraire, T. IV, p. 349.

La même observation peut se faire à l'égard du père qui se sera marié en premières
ou secondes noces.

Quant aux enfans naturels légalement reconnus, le droit de correction, que la loi donne
sur eux à leurs parens, semble renfermer celui de les retenir aussi dans leur domicile.

Les enfans adultérins ou incestueux, ne pouvant jamais être légalement reconnus
(art. 335 C. C.), ne sauroient être assujettis à la puissance paternelle. On demandera
donc sous quelle surveillance ils seront alors? Par le fait ils seront sous celle de leur
père ou mère; mais il n'y aura aucun moyen légal de les y contraindre.

(*a*) Art. 727 du C. C. Cet article exclut des successions, comme indignes :

1.° Celui qui seroit condamné pour avoir donné ou tenté de donner la mort au défunt;

Hors ces cas, il n'est point permis aux parens d'exhéréder un enfant: mais le législateur, en renfermant dans ces bornes le pouvoir des père et mère, n'a point voulu pour cela les priver de la faculté de récompenser l'attachement, l'obéissance et les services d'un enfant reconnoissant; de punir celui qui s'est rendu indigne de leurs bienfaits, et de réparer, par une distribution équitable de leurs biens, les torts que la fortune fait souvent à ceux qui le méritent le moins. On ne s'est point dissimulé le danger qu'il y auroit à donner cette latitude aux parens, parce que souvent cette répartition des biens entre les enfans peut n'être pas l'effet de l'équité ou d'une juste indignation, mais plutôt le résultat de la flatterie et d'une prédilection capricieuse. Il s'agissoit donc de trouver un juste milieu pour maintenir, d'un côté, l'autorité si nécessaire des parens, et pour empêcher, de l'autre, qu'un enfant ne pût être arbitrairement réduit à l'indigence, et qu'il ne tombât à charge à la société. C'est dans cette vue que la loi a fixé une *légitime* à prendre par les enfans dans la succession de leurs père et mère, au moyen de laquelle ceux-ci conservent la latitude de disposer à leur gré d'une portion de leurs biens, tandis que les enfans de leur côté y trouvent leur fortune assurée. (*a*)

La faveur du mariage n'a point fait étendre la légitime aux enfans naturels, quoique légalement reconnus. La loi ne leur accorde des droits sur les biens de leurs père et mère décédés, qu'autant que ceux-ci n'ont pas épuisé la quotité disponible ou

---

2.° Celui qui a porté contre le défunt une accusation capitale, jugée calomnieuse;

3.° L'héritier majeur qui, instruit du meurtre du défunt, ne l'aura pas dénoncé à la justice.

(*a*) Art. 913 C. C. Cette faculté des parens, de disposer librement d'une partie de leurs biens, se règle sur le nombre des enfans. Ils peuvent disposer de la moitié s'ils ne laissent qu'un seul enfant, du tiers s'ils en ont deux, et du quart si les enfans sont au nombre de trois ou plus.

la totalité de leurs biens par actes entre vifs ou testamentaires. (Art. 756, 913 et 916, C. C.)

§. 95. 4.º Les parens n'ont pas seulement l'obligation de corriger les enfans de leurs défauts, ils doivent aussi les conduire vers leur bonheur. Le mariage étant une des actions humaines qui influent le plus sur la destinée des hommes, on ne sauroit l'entreprendre avec trop de précautions; et c'est à cette occasion que les enfans ont le plus besoin d'être protégés contre la violence de leurs penchans. Chez aucun peuple civilisé les enfans n'ont été abandonnés, dans l'âge des passions, à eux-mêmes pour l'acte le plus important de leur vie. Nos législateurs ont senti qu'il étoit de l'intérêt de l'état de ne pas retenir la raison qui est assez formée, et des talens qui sont assez développés, dans une dépendance contraire à l'énergie de la jeunesse. Ils ont par conséquent fixé la majorité à un âge très-peu avancé, et ont même laissé aux parens et aux tuteurs la faculté de hâter cette époque pour ceux qu'ils jugeront plus tôt capables de prendre une part active au commerce de la vie civile ; mais ils n'ont pas voulu que l'union qui doit offrir aux hommes le plus de bonheur, ne fût que le résultat de vaines illusions de la jeunesse, et qu'elle devînt pour eux une source de repentir. Ils ont donc subordonné le désir des enfans de se marier, à la prudence des parens, *dont le consentement est nécessaire pour leur mariage*, et qui *peuvent le refuser* sans s'expliquer sur leurs motifs jusqu'à l'âge de vingt-un ans, si c'est une fille, et jusqu'à celui de vingt-cinq, si c'est un fils (art. 148 C. C.). Ce consentement a été jugé si nécessaire que l'exercice de la puissance paternelle sous ce rapport a été, à défaut de père ou de mère, transféré aussi aux aïeuls et aïeules (art. 150 C. C.). Après l'âge de vingt-un ou vingt-cinq ans, le défaut de consentement de la part des père et mère n'est plus une condition absolue pour pouvoir contracter mariage ; mais la loi veut néan-

moins qu'à tout âge les enfans payent aux auteurs de leurs jours
le tribut du respect commandé par tant de sacrifices et de bienfaits ; et elle les oblige pour cette raison à demander toujours,
après avoir atteint la majorité fixée, le conseil de leurs père et
mère, ou celui de leurs aïeuls ou aïeules, par un acte respectueux et formel (*a*).

Les mêmes dispositions, à l'exception de celles qui concernent
les aïeuls et aïeules, sont applicables aux enfans naturels légalement reconnus. (Art. 158 C. C.)

§. 96. Il a été question jusqu'ici des moyens qui ont été
donnés aux parens pour *bien guider* leurs enfans. Les lois leur
attribuent encore une autre autorité; c'est celle qui tend à les
protéger.

§. 97. 1.° Cette autorité renferme d'abord la *tutèle*, que les père
et mère exercent sur leurs enfans mineurs et non émancipés (*b*).
(Art. 388, 389 et 476, C. C.) *Elle appartient au père durant le
mariage, et au survivant des père et mère, après la dissolution du mariage arrivée* par la mort naturelle ou civile de l'un
des époux. (Art. 390 C. C.) En cas d'absence du père, la mère
le remplace de droit dans la surveillance des enfans. (Art. 141
C. C.) A l'égard de la mère, on doit observer cependant que le
père pourra lui nommer dans son testament, ou par acte authentique, un *conseil spécial, sans l'avis duquel elle ne pourra faire
aucun acte relatif à la tutèle, ou du moins aucun de ceux
pour lesquels le conseil sera nommé* (art. 391 et 392 C. C.),
et que, dans le cas où elle se remariera, elle devra *convoquer le
conseil de famille, qui décidera si la tutèle doit lui être conservée.*
(Art. 395 C. C.)

(*a*) Art. 151 C. C. Les formalités qui doivent être observées, relativement à ces actes
respectueux, sont indiquées dans les articles suivans.

(*b*) Le Code civil ne dit point si cette tutèle aura aussi lieu à l'égard des enfans
naturels légalement reconnus.

§. 98. Les mineurs non émancipés ne sont capables d'aucun acte de la vie civile (art. 488 C. C.); de ce principe résultent les devoirs et les droits de la tutèle. Elle consiste,

1) Dans l'*administration des biens personnels* de l'enfant mineur. Les parens tuteurs sont *comptables, quant à la propriété et aux revenus des biens dont ils n'ont pas la jouissance, et quant à la propriété seulement de ceux des biens dont la loi leur donne l'usufruit.* (Art. 389 C. C.)

2) Dans le droit d'assister le mineur, de le représenter et d'agir pour lui, aussi souvent que son intérêt l'exige et que la loi l'en déclare incapable, comme lorsqu'il s'agit d'accepter ou de répudier une donation ou une succession (art. 776 C. C.), d'intenter une action, de provoquer un partage, etc. (Art. 838 C. C.)

§. 99. 2.° Les parens sont non-seulement chargés eux-mêmes de la tutèle de leurs enfans mineurs, mais le dernier mourant d'entre eux a aussi le droit de nommer à ces fonctions, par testament ou acte authentique, la personne qu'il en jugera la plus capable, pour les exercer après sa mort (*a*). (Art. 397 et 398 C. C.) On a adopté sous ce rapport le principe du droit romain, qui regardoit le choix du père comme le plus avantageux à l'enfant, et qui vouloit que par la stricte exécution de cette volonté le caractère sacré du père de famille fût respecté. Mais il a paru juste de faire participer aussi à cette faculté la mère, que notre Code a admise également à l'exercice d'autres droits de la puissance paternelle, en y ajoutant toutefois la condition qu'elle ait été maintenue dans sa tutèle lors d'un second mariage, et que dans ce cas le choix du tuteur soit confirmé par le conseil de famille. (Art. 399 et 400 C. C.)

(*a*) Le Code civil ne décide pas non plus si ce droit est applicable aux enfans naturels légalement reconnus.

II) *Droits utiles attachés à la puissance paternelle.*

§. 100. 1.° L'éducation d'un enfant occasionne des dépenses et exige toutes sortes de sacrifices. Il étoit donc juste de faire contribuer les enfans à ces frais, quand ils ont des biens personnels, et de faire trouver aux parens, dans la jouissance de ces biens, une foible récompense de peines dont le prix ne sauroit jamais être évalué. Tel est le motif de la disposition *qui accorde au père, durant le mariage, et au survivant des père et mère, après la dissolution du mariage, la jouissance des biens de leurs enfans.* (Art. 384 C. C.)

La crainte que la discontinuation de cette jouissance n'empêchât les parens d'émanciper ou de marier leurs enfans, l'a fait restreindre à l'âge de dix-huit ans, époque à laquelle le mariage est permis. (Art. précité.)

Les charges de cette jouissance sont,

1) *Celles auxquelles sont tenus les usufruitiers;*

2) *La nourriture, l'entretien et l'éducation des enfans, selon leur fortune;*

3) *Le paiement des arrérages ou intérêts des capitaux;*

4) *Les frais funéraires et ceux de dernière maladie.* (Art. 385 C. C.)

Elle n'aura pas lieu au profit de celui des père et mère contre lequel le divorce auroit été prononcé, et elle cessera à l'égard de la mère dans le cas d'un second mariage. (Art. 386 C. C.)

Enfin elle ne s'étendra pas aux biens que les enfans pourroient acquérir par un travail et une industrie séparés, ni à ceux qui leur seront donnés ou légués sous la condition expresse que les père et mère n'en jouiront pas. (Art. 387 C. C.)

§. 101. 2.° De même que le législateur ne devoit pas abandonner le sort des enfans à la discrétion des parens, de même il étoit juste aussi d'assurer à ceux-ci une légitime dans la succession de leurs enfans, et de ne pas permettre qu'ils en fussent totalement exclus par des dispositions testamentaires. Ce droit est d'autant mieux fondé, que le plus souvent la fortune des enfans est l'ouvrage de leurs père et mère. Aussi la loi réserve-t-elle aux père et mère, non seulement les biens qu'ils avoient donnés à leur enfant, mais aussi, lorsque celui-ci décède sans postérité, la moitié de la succession s'ils sont tous les deux en vie, et un quart au survivant d'entr'eux. (Art. 747 et 915 C. C.)

§. 102. 3. Les lois ont imposé aux parens l'obligation de nourrir et d'entretenir leurs enfans. (Art. 203 C. C.) De qui pourroient-ils, à leur tour, prétendre la même chose avec plus de droit, que de ceux qui n'existent que par leurs soins et leurs bienfaits? Le Code civil oblige donc aussi les enfans de fournir à leurs père et mère les alimens, quand ils seront dans le besoin. (Art. 205 C. C.)

II. *Manières d'acquérir la puissance paternelle.*

§. 103. Notre législation ne connoît que deux causes qui donnent les droits de la puissance paternelle, le *mariage* et la *légitimation* : car, quoique d'après les dispositions du Code civil l'adoption puisse avoir lieu dans certains cas, elle n'est cependant jamais un moyen d'acquérir la puissance paternelle, puisqu'elle ne peut avoir lieu avant la majorité de l'adopté, et qu'elle n'a d'autre but que de lui procurer la successibilité sur les biens de l'adoptant. (Art. 346 et suiv. C. C.)

§. 104. 1.º *Le mariage* n'est considéré par nos lois que comme un contrat purement civil, et c'est sous ce rapport qu'elles en règlent les conditions et les effets.

Les conditions nécessaires pour pouvoir le contracter sont :

1) L'âge de dix-huit ans dans l'homme et de quinze dans la femme, s'il n'a pas été obtenu du gouvernement des dispenses d'âge qui le permettent plus tôt. (Art. 144 et 145 C. C.)

2) Le consentement des parties contractantes. (Art. 146 C. C.)

3) Le consentement des père et mère, ou aïeuls et aïeules, jusqu'à l'âge de vingt- cinq ans pour les fils et jusqu'à celui de vingt-un pour les filles (art. 148 et suiv. C. C.); ou , à défaut d'ascendans, le consentement du conseil de famille jusqu'à l'âge de vingt-un ans sans distinction de sexe. (Art. 160 C. C.) Il doit être nommé aux enfans naturels mineurs, qui n'ont pas été légalement reconnus, ou qui, après l'avoir été, ont perdu leurs père et mère, un tuteur *ad hoc*. (Art. 159 C. C.) Les enfans légitimes, qui ont atteint l'âge de vingt-un et de vingt-cinq ans, sont tenus, à défaut de consentement des père et mère ou autres ascendans, de leur faire des sommations respectueuses. (Art. 151 et suiv. C. C.)

4) Qu'on ne soit pas engagé dans les liens d'un autre mariage. (Art. 147 C. C.)

5) Que ceux qui veulent le contracter, ne soient ni parens ni alliés, l'un de l'autre, à un degré prohibé.

La loi défend le mariage :

1) Dans la ligne directe, entre tous les ascendans et descendans légitimes ou naturels, et les alliés dans la même ligne ;

2) Dans la ligne collatérale, entre le frère et la sœur légitimes ou naturels, et les alliés au même degré ; entre l'oncle et la nièce, la tante et le neveu, si pour ces derniers cas on n'a pas obtenu de dispenses. (Art. 161 et suiv. C. C.)

§. 105. 2.° *La légitimation.* Elle ne peut se faire que de deux manières, dont les effets sont encore différens, et sous le rapport desquels la légitimation peut être divisée en *parfaite* ou *imparfaite.*

1) Un enfant est *pleinement légitimé par le mariage subséquent* de ses père et mère, lorsque ceux-ci l'avoient légalement reconnu avant leur mariage, ou lorsqu'ils le reconnoissent dans l'acte même de célébration. (Art. 331 C. C.)

2) Un enfant ne sera qu'*imparfaitement* légitimé par la *recon-noissance* de ses père et mère, faite ou par acte authentique, ou dans l'acte de naissance. (Art. 334 C. C.)

La simple reconnoissance et la pleine légitimation ne diffèrent que sous le rapport des droits qui en résultent pour l'enfant (art. 338 C. C.) ; car, à l'égard de la puissance paternelle, la seconde produit les mêmes effets, sauf les modifications qui ont été indiquées plus haut.

Aucune de ces légitimations ne peut avoir lieu au profit des enfans nés d'un adultère ou d'un commerce incestueux. (Art. 331 et 335 C. C.)

III. *Des causes qui font cesser la puissance paternelle.*

§. 106. La puissance paternelle finit par la majorité, l'émancipation, et la mort naturelle ou civile des parens ou de l'enfant.

§. 107. 1.° *La majorité*, comme cause qui fait cesser la puissance paternelle, a été introduite par notre Code; car nous avons vu qu'anciennement, dans les provinces de droit écrit, on pouvoit être majeur et néanmoins être soumis encore à la puissance paternelle, conséquence des principes bizarres du droit romain, qui assujettissoient le fils au pouvoir de son père durant toute sa vie. Le Code civil déclarant l'homme capable de tous les actes de la vie civile à l'âge de vingt-un ans, il étoit nécessaire, pour ne pas annuler cette disposition dans la plupart de ses conséquences, de ne point prolonger la puissance paternelle au-delà de ce terme. Deux exceptions cependant dérogent à ce principe. La première *étend* l'autorité paternelle, comme nous avons déjà vu, jusqu'à l'âge de vingt-cinq ans pour les fils, qui ont besoin du consentement de leurs parens lorsqu'ils veulent contracter mariage. La seconde *restreint* cette autorité à l'âge de dix-huit ans, pour ce qui regarde l'administration des biens personnels d'un enfant mineur. La raison en a été alléguée plus haut. (§. 100.)

§. 108. 2.º *L'émancipation* a lieu,

1) De *plein droit*, par le mariage de l'enfant qui étoit soumis à l'autorité de ses père et mère. (Art. 476 C. C.)

2) Elle peut se faire *volontairement* par le père, ou à son défaut par la mère, lorsqu'ils font cette déclaration devant le juge de paix assisté de son greffier. Cette émancipation peut avoir lieu lorsque l'enfant a atteint l'âge de quinze ans révolus. (Art. 477 C. C.)

§. 109. 3 La dernière cause qui fait cesser la puissance paternelle, est la *mort naturelle* ou *civile* des parens ou de l'enfant. La dissolution de la puissance paternelle par la *mort civile* résulte de l'art. 25 du Code civil. La *mort naturelle* des parens la fait cesser, parce que l'enfant ne peut point retomber dans la puissance de l'aïeul, attendu que son fils étoit émancipé par son mariage, et que l'enfant naturel légalement reconnu n'a pas de famille.

Il ne me resteroit plus, pour terminer cet écrit, qu'à parler des avantages et des bienfaits que la législation du Code civil sur la puissance paternelle répand sur toute la France ; mais la sagesse des principes de ce Code, les motifs purs et humains qui les ont dictés, et la clarté avec laquelle ils sont mis à la portée de tout le monde, me dispensent de m'étendre sur un sujet qui exigeroit d'ailleurs une plume plus éloquente. Il suffit d'avoir lu cette partie de notre Code pour être pénétré de la sagesse, de l'équité et de la justice de ses dispositions.

F I N.

TABLE DES DIVISIONS

DE CETTE DISSERTATION.

*I*NTRODUCTION. . . . . Page 1

PREMIÈRE SECTION.

Analyse des principes du droit naturel sur les rapports qui existent
entre les parens et leurs enfans 3
    Principes généraux . . . . *ibid.*
    Déduction et développement des principes des lois juridiques
      ou du droit. 6
    Application des principes généraux du droit naturel privé
      aux rapports entre les parens et leurs enfans 8

SECONDE SECTION.

Remarques sur la puissance paternelle chez différens peuples
anciens 16

TROISIÈME SECTION.

Examen historique de la législation romaine sur la puissance paternelle, et des changemens qu'elle a subis successivement. . 22
  I) Des droits dont se composoit la puissance paternelle chez
  les Romains 24
    1. Droit de vie et de mort sur les enfans 26
    2. — de les vendre. 29
    3. — d'abandonner un enfant pour délit 31
    4. — de le revendiquer 32
    5. — de diriger ses actions. 33
    6. — de lui donner un tuteur par testament. . . 34
    7. — d'acquérir par lui. 35
    8. — de lui substituer pupillairement 37
    9. — de l'exhéréder 38

II) Manière d'acquérir la puissance paternelle. . . . . Page 40
   1. Par le mariage . . . . *ibid.*
   2. Par la légitimation 41
   3. Par l'adoption. 44
III) Des causes qui faisoient cesser la puissance paternelle . 48
   1. Causes volontaires 49
     1) Émancipation . . . . *ibid.*
     2) Adoption 51
   2. Causes nécessaires. 51
     1) Mort naturelle. . . . . *ibid.*
     2) Mort civile. 52
     3) Certaines dignités . . . . *ibid.*
     4) Cas dans lesquels le père étoit forcé d'émanciper
       un enfant 53
     5) Cas dans lesquels la puissance paternelle cessoit de
       droit. 54
Réflexions générales sur cette partie de la législation romaine *ibid.*

QUATRIÈME SECTION.

Droit françois ancien 60
   I) Droits résultant de la puissance paternelle. 61
   II) Manières de l'acquérir 67
   III) Causes qui la faisoient cesser. 68

CINQUIÈME SECTION.

Développement des dispositions que renferme le Code civil sur la
puissance paternelle. 72
   I. Droits dont elle se compose . . . . *ibid.*
     I) Moyens de direction et de tutèle que la loi donne
       aux parens sur leurs enfans . . . . *ibid.*
     II) Droits utiles attachés à la puissance paternelle . . 82
   II. Manières de l'acquérir 83
   III. Des causes qui la font cesser 86